Antje Bostelmann,
Vanessa Klingen, Johanna Debletz

Aktionstabletts für Fünf- bis Sechsjährige

40 spannende Lernangebote für den Übergang vom Kindergarten in die Grundschule

Impressum

Aktionstabletts für Fünf- bis Sechsjährige –
40 spannende Lernangebote für den Übergang vom Kindergarten in die Grundschule

Autorinnen
Antje Bostelmann,
Vanessa Klingen, Johanna Debletz

Fotos
Barbara Dietl

Lektorat
Stefanie Barthold

Gestaltung und Illustrationen
Sebastian Vollmar

Druck
Optimal Media, Röbel/Müritz
Gedruckt auf chlorfrei gebleichtem Papier

Verlag
Bananenblau – Der Praxisverlag für Pädagogen
E-Mail: info@bananenblau.de
www.bananenblau.de

BANANENBLAU
Der Praxisverlag für Pädagogen

ISBN 978-3-946829-71-3

Die Fotos wurden in der Klax Vorschule Regenbogenhaus in Berlin aufgenommen.

Inhalt

Vorwort

Liebe Leserinnen und Leser,

in diesem Buch geht es um die Vorschulkinder. Wir haben uns Gedanken über den Übergang vom Kindergarten in die Grundschule gemacht und uns überlegt, mit welchen didaktischen Ansätzen Pädagogen* die Kinder dabei fördern und begleiten können. Gemeinsam mit den Fachkräften aus der Klax Vorschule Regenbogenhaus sind wir den Fragen der Eltern und den Beobachtungen der Pädagogen zur Entwicklung und zum Wissensdrang der Vorschulkinder nachgegangen. Auch in der benachbarten Grundschule waren wir unterwegs, um herauszufinden, was die Kinder dort erwartet und welche Anforderungen die Lehrkräfte an sie stellen werden.

Auf diese Weise ist eine Sammlung an benötigten Kompetenzen entstanden, die Kinder im Übergang vom Kindergarten in die Grundschule unbedingt mitbringen sollten. Diese Kompetenzen bilden die Grundstruktur des Buches. Dazu passend schlagen wir Ihnen jeweils geeignete Aktionstabletts vor.

Die Arbeit mit Aktionstabletts ist in Klax Kindergärten gut eingeübt und wird auch im Vorschulbereich genutzt. Aktionstabletts haben den Vorteil, dass die Kinder sich den Aufgaben im gesamten Tagesablauf selbstständig widmen können. Ohne die ständige Begleitung der Pädagogen lösen sie Aufgaben und überprüfen ganz allein, wie gut sie abgeschnitten haben. Die in diesem Buch vorgestellten Lernangebote haben wir für Kinder von fünf bis sechs Jahren entwickelt. Sie sind ideal dafür geeignet, die so wichtigen Kompetenzen am Übergang in die Grundschule zu fördern.

Für die Aktionstabletts haben wir uns Tätigkeiten überlegt, die den Kindern selbstständiges und konzentriertes Lernen ermöglichen, um neben der Selbst- und Sozialkompetenz auch kognitive Kompetenzen in den Bereichen der Mathematik und Naturwissenschaften, Sprache und Motorik zu fördern. Im Einleitungsteil widmen wir uns den unterschiedlichen Kompetenzen, über die ein Vorschulkind verfügen sollte. Wie schon in den vorherigen Aktionstablett-Büchern überwiegen im praktischen Teil dieses Buches die Abbildungen der Tabletts, um die vielfältigen Ideen und deren Anwendung anschaulich und praxisnah darzustellen.

Wir hoffen, dass mit diesem Buch gelungene Anregungen für den Übergang vom Kindergarten in die Grundschule entstanden sind, die Ihre Vorschularbeit inspirieren und bereichern. Wie immer freuen wir uns über Ihr Feedback!

Ihre
Antje Bostelmann, Vanessa Klingen
und Johanna Debletz

Juli 2021

* Um den Lesefluss nicht zu behindern, verwenden wir in diesem Buch häufig nur die männliche Form. Es dürfen sich aber immer alle Geschlechter angesprochen fühlen.

PRISMABETRACHTER

Einleitung

Übergänge als besondere Lebensphasen

Kinder erleben im Laufe der Kindheit mehrere große Übergänge, auch Transitionen genannt. Der erste Übergang geschieht meist schon in sehr jungem Alter, wenn die Kinder von der Familie in die Krippe und danach von der Krippe in den Kindergarten wechseln. In diesen Zeiten ist es wichtig, sowohl die Kinder als auch die Eltern kompetent zu begleiten. Dies gelingt beim Übergang vom häuslichen Umfeld in die Krippe oder den Kindergarten mit einem Eingewöhnungsmodell, das individuell auf die Bedürfnisse der Kinder und Eltern abgestimmt werden kann – je nachdem, wie viel Zeit nötig ist, bis sich eine zeitweise Trennung von den Eltern für die Kinder gut anfühlt. In Übergangszeiten entsteht ein leichtes Ungleichgewicht, bis sich alle an die neue Situation gewöhnt haben. Ungewohnte Strukturen, unbekannte Lernsituationen und Menschen, die sich nicht kennen, treffen aufeinander. Das kann zu Unsicherheiten führen. Diese gilt es im besten Fall zu vermeiden, aber mindestens abzumildern, sodass Übergänge nicht negativ in Erinnerung bleiben und die Kinder nicht in ihrer Neugier und ihrem Erkundungsdrang eingeschränkt werden. Deswegen ist es so wichtig, Kinder und Eltern so gut es geht auf die neue Situation vorzubereiten.

Der Übergang vom Kindergarten in die Grundschule ist ein besonderer Meilenstein, der weder einem national vereinbarten Eingewöhnungsmodell folgt noch besonders begleitet wird. Das Ritual der Einschulung ist heutzutage häufig von Konsumelementen überlagert und widmet sich wenig bis gar nicht der emotionalen Situation oder der inneren Bereitschaft der Kinder für einen neuen Lebensabschnitt.

Gerade weil der Kindergarten und die Schule zwei unterschiedlichen staatlichen Systemen angehören, braucht es eine enge Zusammenarbeit, die über einen längeren Zeitraum hinweg andauert, um den Kindern ein gutes Herauswachsen aus dem Kindergarten und ein zukunftsfrohes Hineinwachsen in die Schule zu ermöglichen. Schulanfänger freuen sich meistens auf die Schule und sind in der Vorschulzeit sehr lernmotiviert. Deshalb müssen Pädagogen diese Zeit im Kindergarten intensiv nutzen.

Ein kurzer Exkurs zu einem Erlebnis, das den Prozess zu diesem Buch angestoßen hat

Vor einigen Jahren haben wir mit einer Delegation anderer Pädagogen eine Vorschulgruppe in Süddeutschland besucht. Die Vorschule war der Schule angeschlossen, und entsprechend bemühten sich die pädagogischen Fachkräfte darum, so viel Schule wie möglich in ihren Alltag zu integrieren. Wir begleiteten eine Kindergruppe mit 25 Kindern über den Tag. Im Raum der Vorschulkinder gab es nur Tische und Stühle. Sie waren nicht wie in der klassischen Schule in Reihen, sondern in Gruppen angeordnet. Die Kinder saßen an diesen Tischen und hatten Federmäppchen vor sich. In der Mitte des Tisches stand ein Kasten mit Arbeitsblättern. Jedes Kind bearbeitete ein Blatt, und wenn es fertig war, bekam es ein neues. Nach 45 Minuten gab es eine Pause, die Kinder durften aufstehen. In einer der Pausen wurde am Platz gegessen und getrunken. In der Hofpause gingen die Kinder zum Spielen auf den Hof. Die Pädagogen waren sehr stolz auf ihre Vorschularbeit. Aber wie ging es den Kindern?

Die Erfüllung von Grundbedürfnissen als Voraussetzung zur Kompetenzentwicklung

Im Kontext der frühkindlichen Bildung ist mittlerweile bekannt, dass für die Entwicklung bestimmter Kompetenzen basale Grundbedürfnisse abgedeckt werden müssen. Sind diese Voraussetzungen erfüllt, können sich spezifische kognitive, emotionale, motorische und soziale Kompetenzen entwickeln. Die amerikanischen Verhaltensforscher Thomas Berry Brazelton und Stanley Greenspan[1] haben sich mit der Entwicklung in der frühen Kindheit beschäftigt und ermittelt, welche Bedürfnisse erfüllt sein müssen, damit Kinder sich gut entwickeln können. Basierend auf ihrer Forschung haben sie die folgenden sieben Grundbedürfnisse als Voraussetzung definiert:

- beständige und liebevolle Beziehungen
- körperliche Unversehrtheit, Sicherheit und Regulation
- Erfahrungen, die auf individuelle Unterschiede zugeschnitten sind
- entwicklungsgerechte Erfahrungen
- Grenzen und Strukturen
- stabile und unterstützende Gemeinschaften
- eine sichere Zukunft für die Menschheit

Dass die frühkindlichen Grundbedürfnisse Thema wissenschaftlicher Forschung sind, zeigt deutlich, welchen hohen Stellenwert eine qualitativ gute Arbeit von Pädagogen in Bezug auf die Kindesentwicklung und damit auch auf

die gesellschaftliche Entwicklung hat. Beim Übergang in die Grundschule haben Kinder besondere Bedürfnisse und stehen vor neuen Herausforderungen. Pädagogische Fachkräfte müssen das berücksichtigen und sollten sich intensiv mit den einzelnen Phasen der Kindesentwicklung und den Ideen und Erkenntnissen aus der Forschung auseinandersetzen.

Die vom Kindergarten initiierte und intensiv praktizierte Beziehungsarbeit von Eltern und pädagogischem Personal ermöglicht eine soziale Gemeinschaft, die sich gegenseitig unterstützt und Sicherheit für das Zusammenleben und -lernen schafft. Gleichbleibende Strukturen, basierend auf Regeln und Grenzen, stützen das soziale Gefüge: z. B. ein strukturierter Tagesablauf, Regeln für das Verhalten in den Räumlichkeiten oder Vereinbarungen für das Zusammenleben im Kindergarten. So deckt die Zusammenarbeit von Eltern, Kindern und Pädagogen innerhalb festgelegter Rahmenbedingungen einen Teil der frühkindlichen Grundbedürfnisse ab.

Wer Kinder in der Gruppe beobachtet und ihre Fragen aufgreift, kann individuelle und dem jeweiligen Entwicklungsstand entsprechende Bildungsangebote erstellen. Diese Lernerfahrungen decken die weiteren Grundbedürfnisse der Kinder ab. Arbeitsblätter spielen hier keine Rolle. Stattdessen geht es darum, dass jedes Kind lernen kann, was es seinem eigenen Empfinden nach braucht, um gut vorbereitet zu sein. Eine Idee davon, was ein Kind lernen möchte, entwickelt es beispielsweise durch Besuche in der Grundschule, die Beobachtung von Geschwistern oder auch basierend auf den Erzählungen von Pädagogen im Kindergarten. Manche Kinder etwa möchten gern Buchstaben lernen, andere hingegen interessieren sich mehr für Zahlenreihen, jemand kann alle Dinosaurier benennen, ein anderes Kind möchte Gedichte auswendig lernen usw. All diese Wünsche lassen sich in den Welterkundungsprojekten des Kindergartens erfüllen und sollten in der Grundschule fortgesetzt werden.[2]

1 Brazelton, T. B., & Greenspan, S. I. (2002). Die sieben Grundbedürfnisse von Kindern. Was jedes Kind braucht, um gesund aufzuwachsen, gut zu lernen und glücklich zu sein. Weinheim und Basel: Beltz Verlag.

2 Siehe dazu auch: Bostelmann, A. & Engelbrecht, C. (2016). Das Apfelprojekt. Förderung mathematischer Kompetenzen im Kita-Alltag. Berlin: Bananenblau Verlag; Bostelmann, A. (2021). Einfach machen! Den digitalen Wandel im Kindergarten gestalten. Berlin: Bananenblau Verlag.

Schulfähigkeit und Kompetenzen, die Kindern den Eintritt in die Schule erleichtern

In der Vergangenheit gab es rege Diskussionen darüber, was »schulfähig« bedeutet und welche Kompetenzen Kinder zum Schuleintritt haben sollten. Dabei ist zu bedenken, dass jedes Kind ein Recht auf Schule hat und somit kein Kind aufgrund von fehlenden Fähigkeiten von der Schule ausgeschlossen werden kann. Die aktuelle Ansicht über die Schulfähigkeit von Kindern besagt:

»Schulfähigkeit ist die Summe ganz bestimmter Verhaltensmerkmale und Leistungseigenschaften eines Kindes, die es braucht, um im Anfangsunterricht und der weiteren Schulzeit Lernimpulse wahrzunehmen, aufzugreifen und im Sinne einer Lernauseinandersetzung zu nutzen, um persönlichkeitsbildende und inhaltliche Weiterentwicklungen im emotionalen, motorischen, sozialen und kognitiven Bereich aufzunehmen und umzusetzen.«[3]

Dies zeigt, dass Kinder nicht schon vor Schuleintritt lesen oder rechnen können müssen, es ihnen aber auch nicht verwehrt werden sollte.

In einigen Kindergärten vertreten die Pädagogen die Auffassung, dass sie den Kindern dieses Wissen und diese Fähigkeiten besser bewusst vorenthalten, damit sie sich später in der Schule nicht langweilen. Diese Auffassung ist grundlegend falsch. Jeder Mensch lernt auf seine eigene Weise, in seinem eigenen Tempo und vor allem das, was ihn interessiert. Lernen lässt sich nicht verhindern!

Vielmehr werden sogenannte Vorläuferfähigkeiten benötigt, die es den Kindern ermöglichen, sich anknüpfend an den Kindergarten sozial-emotional, motorisch und kognitiv weiterzuentwickeln. Schulfähigkeit ist also als ein gemeinsames pädagogisches Ziel zu verstehen, das einen Entwicklungsprozess beschreibt, der in der Vorschulzeit beginnt und während der Schulzeit fortgesetzt wird.

Trotzdem fallen immer wieder so widersprüchliche Sätze wie »Kinder müssen stillsitzen können«, oder »Kinder müssen schon Buchstaben und Zahlen kennen sowie am besten schon lesen und einfache mathematische Operationen lösen können«, oder, im Gegenteil: »Kinder dürfen auf keinen Fall schon Buchstaben schreiben und rechnen können«. Diese Verwirrtheit irritiert pädagogische Fachkräfte und Eltern gleichermaßen.

3 Witzlack, G. (2009). Was ist eigentlich Schulfähigkeit?, in: Krenz, A. Ist mein Kind schulfähig? (S. 63). München: Kösel-Verlag.

Hier hilft es, sich klarzumachen, dass der Lernweg entscheidend ist und das, was gelernt wird, eine Nebenrolle spielt. Allerdings bringt jede neu erworbene Fähigkeit auch neue Lernmöglichkeiten mit sich. Wer Buchstaben versteht und rechnen kann, dem eröffnen sich neue Möglichkeiten der Weltaneignung. Dies macht noch mehr deutlich, warum es nicht förderlich ist, mit Kindergartenkindern über einen längeren Zeitraum still am Tisch zu sitzen, sie Deutsch- oder Mathe-Arbeitsblätter ausfüllen zu lassen und womöglich noch Hausaufgaben in dieser Form zu verteilen. Das wird den Bedürfnissen von Kindern nicht gerecht und könnte sogar eine negative Assoziation in Bezug auf die Schule auslösen. Auch können das Selbstwertgefühl und die Selbstbestimmung leiden, wenn die Kinder sich nicht selbst als Forscher und Problemlöser wahrnehmen und sich dadurch Wissen aneignen können, sondern lediglich Erwachsene als Wissensträger und sich selbst als Wissensempfänger erleben.

Die Kindheit ist voller Lernfreude und Forscherdrang. Der Kindergarten muss dies bestätigen und die Kinder dabei intensiv begleiten, ihnen Herausforderungen bieten, die ihrem Entwicklungsstand entsprechen, und sie zu neuen, vertiefenden Lernprozessen befähigen.

Dürfen Schulkinder noch spielen?

Oft wird von der Schule als dem »Ernst des Lebens« gesprochen. Damit ist gemeint, dass die Zeit des Spielens ein Ende hat und die Kinder nun zur »ernsthaften Arbeit« herangezogen werden. Wer still sitzen kann und in der Lage ist, zu machen, was andere sagen, ist ab jetzt im Vorteil. Wer hingegen sein eigenes Lernen verfolgen will, eigenen Gedanken folgt, kreative Ideen umsetzen will, spielt und sich bewegen muss, um durch den eigenen Körper zu lernen, wird gemaßregelt.

Die Bildungspolitik in unserem Land weiß längst, dass die Methoden und Werkzeuge des schulischen Lernens ins Museum gehören. Sie weiß, dass individuelles, selbstorganisiertes und vor allem spielerisches Lernen – welches die Fähigkeiten, Kompetenzen und Möglichkeiten des Einzelnen berücksichtigt und darüber hinaus in der Lage ist, eine soziale Gemeinschaft zu entwickeln, die sich gegenseitig unterstützt – von der ersten Klasse an gebraucht wird. Die Lernmethoden des Kindergartens sollten in der Schule fortgesetzt werden und nicht, wie bisher, durch die Schulzeit ihr Ende finden. Unsere Antwort auf die Frage, ob Schulkinder spielen dürfen, lautet deshalb eindeutig: Ja, sie sollen es sogar!

Mitchel Resnick[4] stellt in seinem Buch »Lifelong Kindergarten« diese Frage:

»Wie können wir diese Arten von kreativen Lernerfahrungen fördern und unterstützen? In meiner Forschungsgruppe am MIT haben wir vier Leitprinzipien entwickelt, die jungen Menschen helfen sollen, sich zu kreativen Denkern zu entwickeln: Projects (Projekte), Passion (Leidenschaft), Peers (Gleichgestellte bzw. Kollegen) und Play (Spiel). Wir glauben, dass der beste Weg zur Förderung von Kreativität darin besteht, Menschen dabei zu unterstützen, an Projekten (Projects) zu arbeiten, die in ihnen Leidenschaft (Passion) entfachen und zusammen mit Gleichgestellten bzw. Kollegen (Peers) in diesem Rahmen spielerisch zu experimentieren (Play).«[5]

Resnick macht in seinem Buch darauf aufmerksam, wie viel Zeit die Kinder mit stupidem Auswendiglernen und Wiederholen von Aufgaben (Arbeitsblättern) verbringen, anstatt aktiv und kreativ zu lernen. Er erläutert den Ansatz des Kindergartens anhand der »Creative learning spiral«, die sich im Tun von Kindergartenkindern gut beobachten lässt.

---

4 Mitchel Resnick (*1956) ist US-amerikanischer Professor für Lernforschung (Learning Research), Direktor des Okawa Center und Direktor der Lifelong-Kindergarten Group am MIT Media Lab.

5 Resnick, M. (2020). Lifelong Kindergarten. Warum eine kreative Lernkultur im digitalen Zeitalter so wichtig ist (S. 31). Berlin: Bananenblau Verlag.

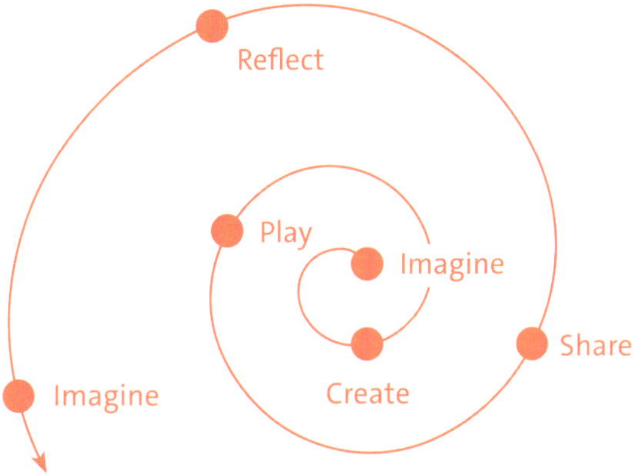

Die Spirale beschreibt, dass jedes Projekt mit einer Idee oder einer Vorstellung startet. Kinder haben viele Fragen und leiten davon eigene Vorstellungen und Ideen ab. Anschließend geht es darum, die Idee umzusetzen und etwas nach den eigenen Vorstellungen zu kreieren. Danach fangen die Kinder an, mit dem, was sie kreiert haben, zu spielen und experimentieren – daraus können sich Erweiterungen und Änderungen ergeben. Außerdem geht es darum, in einem Projekt zusammenzuarbeiten und Arbeitsschritte zu teilen, die im Zusammenspiel ineinandergreifen und das Gesamtprojekt ergeben.

Während eines Projektes kann es zu Rückschlägen und Enttäuschungen kommen, wenn etwas, das man sich vorgestellt und erstellt hat, nicht wie gedacht funktioniert. Genau dieses Scheitern und sich zu trauen, Fehler zu machen, wird positiv genutzt, indem reflektiert wird, warum etwas nicht geklappt hat, um es anschließend anders machen zu können und vor allem eine Menge gelernt zu haben. Diese Herangehensweise braucht eine gute pädagogische Betreuung. Auf Grundlage der gesammelten Erfahrungen bei einem Projekt mit diesem Vorgehen stellen sich die Kinder neue Fragen und Ideen vor. Dann steht man vor einem neuen Projekt, welches wieder durch die unterschiedlichen Stationen soziale und kognitive Fähigkeiten erweitert. Auf ein ganzes Leben gesehen lässt sich durch diese Spirale ein lebenslanges kreatives Lernen beschreiben.

Diese Art des Lernens, die immer wieder die Schritte der Spirale durchläuft, wird als Motor des kreativen Denkens gesehen. Auf diese Weise verlaufen Kinderspiele, so entsteht Wissen, so werden Erfahrungen gemacht, so arbeiten Erfinder, auf dieser Grundlage stehen Design-Thinking-Prozesse. Eine gute Grundschule arbeitet genau so und macht damit den Übergang vom Kindergarten in die Schule zu einer Bestätigung für jedes Kind.

Gleichzeitig ist die Idee des »Lifelong Kindergarten« eine Entlastung für den Kindergarten und macht es Pädagogen leicht, ihre Schützlinge positiv in eine Lernwelt zu begleiten, die jedes Kind in seinem Können bestätigt, darüber hinaus aber weitaus mehr Wissen und Erfahrungsmöglichkeiten bereithält, als der Kindergarten es bisher konnte.

Damit dies gelingt, braucht es drei wichtige Voraussetzungen:

1. Schule und Kindergarten arbeiten intensiv zusammen.

   Es ist also wichtig, dass Vorschulpädagogen die Schule, in die sie die Kinder hinein begleiten, gut kennen. Zudem kommt es darauf an, dass die Grundschullehrkräfte die Lernmethoden des Kindergartens respektieren und bereit sind, sie in ihren Alltag zu integrieren.

2. Die Eltern haben ausreichend Wissen über das Lernen ihrer Kinder erworben.

   Während der Kindergartenzeit haben die Pädagogen viele Möglichkeiten genutzt, um den Eltern die Art und Weise des Lernens des eigenen Kindes zu verdeutlichen. Sie haben die Eltern in die Zusammenarbeit mit der Schule einbezogen und gemeinsam mit den Grundschullehrkräften die gemeinsame Art der Lernbegleitung von Kindergarten und Grundschule verdeutlicht.

3. Die Kinder sind in der Lage, selbstständig und selbstorganisiert zu lernen und den eigenen Wissenszuwachs zu erkennen, wenn sie in die Schule kommen.

   Im Kindergarten wird großer Wert darauf gelegt, die Kompetenzen von Kindern zu fördern, die sie in der Schule benötigen. Dazu gehören soziale und kognitive Kompetenzen. Es ist gut, in der Vorschularbeit den kommenden Übergang mit positiven Assoziationen zu verbinden und den Kindern ihr Größerwerden und ihren erfolgreichen Lernweg transparent zu machen, um ihnen Stolz und Freude in Bezug auf ihre Leistungsfähigkeit zu vermitteln. Es ist unbedingt notwendig, mit den Kindern die zukünftige Grundschule zu besuchen, damit sie ihre Erwartungen mit der Realität abgleichen und besser einschätzen können, was sie erwarten wird. Auch die Eltern sind beruhigt, wenn sie wissen, dass ihre Kinder vor dem aufregenden Übergang in die Grundschule benötigte Kompetenzen erlernen und dem Schulbesuch selbstbewusst entgegenblicken.

Aktionstabletts als didaktisches Prinzip

Bildungsprojekte lassen sich mit Aktionstabletts wunderbar unterstützen. Denn auch Aktionstabletts eignen sich hervorragend dazu, dass Kinder ihren eigenen Interessen nachgehen und ihr Lernen selbstständig organisieren. Hier geben die Fachkräfte einen thematischen Impuls, der so aufbereitet ist, dass die Aufgabe selbsterklärend ist. Die Kinder können sich selbstständig damit befassen. Aktionstabletts sollen eine Einladung sein, sich mit den darauf angeordneten Materialien zu beschäftigen. Als solche müssen sie gut sichtbar platziert werden und überschaubar angeordnet sein. Eine Regel, die für Kinder gelten muss, ist das Aufräumen und Zurückstellen des Aktionstabletts nach der Tätigkeit, sodass mehrere Kinder am Tablett arbeiten können.

Das Ziel eines Tabletts ist es, Kinder zu faszinieren und sie zum Handeln anzuregen. Um das zu erreichen, müssen die angebotenen Aktivitäten dem Entwicklungsstand des Kindes entsprechen. Dafür bieten sich Tabletts mit unterschiedlichen Schwierigkeitsgraden an. Hier können die Kinder sich mit der Aktivität beschäftigen, die ihrem nächsten Lernziel entspricht, und so individuelle Herausforderungen meistern. Verschiedene Lerntypen und Bedürfnisse lassen sich über Aktionstabletts mit unterschiedlichen didaktischen Ausrichtungen abdecken. Vorstellbar sind Aktionstabletts zum Üben, zum Knobeln, zum Festigen von Fähigkeiten, zum Beruhigen, zum Nachdenken ...

Über Aktionstabletts haben Kinder die Möglichkeit, ihre Arbeit selbst zu kontrollieren. Durch ein beigelegtes Foto, auf dem das Ziel des Tabletts festgehalten ist, können die Kinder im Anschluss vergleichen, ob ihr Ergebnis diesem ähnelt. Sie können ihr Schaffen auf diesem Wege abgleichen und haben einen Orientierungsrahmen, der es ihnen ermöglicht, ihr Handeln zu reflektieren. So machen sie die Erfahrung, dass sich Fehler korrigieren lassen und Ursprung neuer Erkenntnisse sein können. Für manche Themen ist eine sinnvolle Selbstkontrolle jedoch nicht möglich. Das betrifft vor allen Dingen Aktionstabletts im Rahmen von verschiedenen Ich- und Sozialkompetenzen. Werden etwa Wünsche beschrieben, gibt es natürlich kein »richtig« oder »falsch«.

Aktionstabletts sind als didaktisches Prinzip zu verstehen, das sich auf andere Lernarrangements übertragen lässt. Gemeinsam haben diese Lernarrangements, dass die Aufgaben durch die Anordnung eine räumliche Eingrenzung erfahren, somit die Aufmerksamkeit auf einen Bereich lenken und direkt ersichtlich und selbsterklärend sind. Die Kinder finden an einem Ort alle Materialien, die sie für das Verstehen und die Bearbeitung brauchen. Sie können sich selbstständig mit der Aktion beschäftigen und die Utensilien anschließend zurückräumen. Mit diesem Verständnis von Aktionstabletts stehen viele didaktische Herangehensweisen offen. Der Vorteil ist: Die klassischen Aktionstabletts lassen sich weiterdenken und werden nicht auf eine Form beschränkt. Auch eine Leinwand, ein Tisch oder eine Projektecke kann den gleichen methodischen Zugang bieten. Für Kinder im Vorschulalter lässt sich auch die methodische Herangehensweise variieren.

Die Kompetenzen, die für das Vorschulalter zentral sind, entstehen oft durch die Kooperation mit anderen. Deshalb haben wir auch Aktionstabletts entwickelt, die sich gemeinsam mit anderen Kindern bearbeiten lassen oder die sich für die Interaktion mit den pädagogischen Fachkräften anbieten. Die Begleitung durch einen Pädagogen empfiehlt sich insbesondere bei Aktionstabletts, die zu Gesprächen einladen, in denen auch sensible Themen vorkommen könnten. Zu diesem Zweck haben wir vier Hinweissymbole für die Markierung der Aktionstabletts entwickelt. Die Hinweise zu Einzelarbeit, Kooperationsaufgaben mit einem Partner oder in der Gruppe und für die pädagogische Begleitung sind im Anhang des Buches abgedruckt und für den Download verlinkt.

Die Vielfalt an Möglichkeiten, die Aktionstabletts als Lernsituation mit sich bringen, wollen wir uns in diesem Buch zunutze machen und auf die Kompetenzen anwenden, die Kinder beim Übergang zur Grundschule stärken. Mit einem Aktionstablett lassen sich unglaublich viele Lernmöglichkeiten schaffen. Sie fördern und fordern die Kinder weiter in den Kompetenzen, regen aber vor allem auch die Kompetenzentwicklung an, die für Schulanfänger typisch ist.

Einzelarbeit

Begleitung durch pädagogische Fachkraft

Gruppenarbeit

Partnerarbeit

Zur Kommunikation mit den Eltern

Auch für Eltern bedeutet der Übergang ihres Kindes in die Grundschule einen großen Umbruch: Das Kind wird nun selbstständiger. Damit entsteht ein innerer Zwiespalt, denn natürlich verspüren Eltern in den meisten Fällen den Impuls, ihrem Kind Herausforderungen abzunehmen, um es zu schützen. Sie wissen, dass in der Schule schnell Druck aufkommen kann, da Kinder für ihre Leistungen bewertet werden. Das kann zu Unsicherheiten führen, und Eltern fragen sich: »Schafft mein Kind das?« Sie wollen die beste Förderung für ihr Kind und möchten es unterstützen wo möglich – sei es beim Schreiben, bei den Hausaufgaben oder beim Fremdsprachenlernen. Die Frage, was Kinder in der Schule können müssen und wie sie dabei bestmögliche Unterstützung erfahren, ist deshalb auch für Eltern nicht leicht zu beantworten.

»Jedes Kindergartenkind kommt irgendwann in die Schule. Eltern können die Schule nicht verändern und sie können ihrem Kind nicht jeden Stein aus dem Weg räumen. Wer sich dessen bewusst ist, kann seinem Kind Zuversicht und Unterstützung mit auf den Weg geben. Gehen wird ihn das Kind allein.«[6]

Bei vielen Eltern weckt der Gedanke an die Grundschule Erinnerungen an ihre eigene Vorschulzeit. Die hat aber ganz anders ausgesehen, als das heute der Fall ist. Wir müssen Eltern deshalb abholen und begleiten, indem wir pädagogische Hintergründe kommunizieren und transparent machen. Eltern sollten sich gewiss sein können, dass Pädagogen Experten in ihrem Bereich sind und sinnvolle Angebote schaffen. Das Warum sollte Eltern in der Gestaltung des Vorschuljahres bei allen Aktivitäten bewusst sein. Die Bedeutung von z. B. Projektarbeit, Stufenblättern, Aktionstabletts oder freiem Spiel lässt sich gut auf einem Elternabend erläutern. So verlieren Eltern die Angst, dass ihr Kind nicht genug gefördert wird, und gewinnen Zuversicht. Auch die Entwicklung und Ressourcen des Kindes sollten wir transparent kommunizieren. Pädagogische Fachkräfte können in Gesprächen und über das Portfolio anschaulich vermitteln, welche Fortschritte das Kind bereits gemacht hat, wo seine Stärken und Interessen liegen.

Wichtig ist auch, Eltern zu ermuntern, einen aktiven Part im Übergang zur Grundschule zu übernehmen. Sie sollten sich beispielsweise frühzeitig mit der Schulwahl auseinandersetzen und mögliche Schulen kennenlernen. Dazu dient z. B. ein Tag der offenen Tür an der jeweiligen Schule. Die Aufgabe von Pädagogen ist es, Eltern zu informieren und zu beraten. Insbesondere dann, wenn die Familien nicht ausreichend mit dem deutschen Bildungssystem vertraut sind oder Kinder einen besonderen Bedarf an ihre zukünftige Schule haben.

---

6 Bostelmann, A. (2017). Abschied von der Kita: Wenn die »Großen« in die Schule gehen. Online verfügbar unter: https://www.kindergartenpaedagogik.de/fachartikel/gestaltung-von-uebergaengen/uebergang-von-der-kita-in-die-schule/2410 [Zugriff am 01.06.21].

1

Sozialkompetente und lernbereite Kinder

Wie der Kindergarten auf den Schulanfang vorbereiten kann

Kinder sollten am Übergang in die Schule eine Stärkung ihres Selbstbewusstseins erleben und sich in ihren Fähigkeiten bestätigt fühlen. Doch der Wechsel in die Grundschule bringt auch Herausforderungen und Risiken mit sich: Bekannte Räumlichkeiten, vertraute Pädagogen und die lieb gewonnenen Freunde werden zurückgelassen, um in neue Abenteuer zu starten. Die Kinder erwartet ein neues Umfeld mit unbekannten Gesichtern und Abläufen. Damit die Kinder diesen Übergang positiv wahrnehmen und mögliche Hürden überwinden, müssen Pädagogen sie in ihren Kompetenzen stärken.

Die Kompetenzen, die bei Kindern am Übergang zur Schule eine besonders große Rolle spielen, lassen sich in vier Bereiche einteilen, die in Wechselwirkung zueinander stehen:

Sozialkompetenz

Ich-Kompetenz

Lernkompetenz

Medienkompetenz[7]

Kinder, die in diesen Kompetenzen gestärkt werden, können mit den Herausforderungen, die der Übergang in die Grundschule mit sich bringt, besser umgehen.

Sowohl die Ich- als auch die Sozialkompetenz sind im Übergang zur Grundschule besonders gefordert, da Kinder einen doppelten Rollenwechsel erleben: Während sie in ihrem letzten Kitajahr zu den »Großen« gehören und vielleicht auch besondere Privilegien genießen, nehmen sie in der Grundschule die Rolle der Jüngsten ein, die mehr Hilfe und Begleitung benötigen, als es im Kindergarten der Fall war.

Die genannten Kompetenzen werden natürlich nicht erst im letzten Jahr des Kindergartens entwickelt, sondern entstehen von Beginn an im Alltag der Kinder – sowohl zu Hause als auch in der Kita. Steht der Übergang in die Grundschule bevor, können Aktionstabletts ein geeignetes zusätzliches Mittel sein, die Kinder anhand der darauf vorbereiteten, entwicklungsgerechten Impulse zu begleiten.

Denken Sie daran: Nicht alle Kinder entwickeln im gleichen Tempo oder im gleichen Ausmaß dieselben Kompetenzen. Die Verantwortung von Pädagogen besteht darin, sich auf verschiedene Voraussetzungen einzulassen und das Potenzial eines jeden Kindes individuell auszuschöpfen.

7 Senatsverwaltung für Bildung, Jugend und Wissenschaft (2014). Berliner Bildungsprogramm, S. 27.

1

Das Wir ist meine Stärke

Sozialkompetenz fördern

Sozialkompetenz ist die Fähigkeit, in Gruppen zu agieren und zu kooperieren. Dazu müssen sich Kinder verschiedene Verhaltensweisen aneignen: Man wartet, bis man dran ist, man bietet Hilfe an und akzeptiert die Hilfe anderer. Man kann miteinander Entscheidungen treffen, Meinungsverschiedenheiten aushalten, Streit schlichten, Kompromisse vereinbaren und gemeinsame Regeln festlegen. Grundlage dafür sind ein achtsamer und respektvoller Umgang mit anderen Menschen und die Fähigkeit, die Perspektive anderer einzunehmen.

Gemeinsam geht es besser

So geht's

Auf dem Tablett liegt eine Schüssel mit bemalten Steinen. Darauf sind Symbole abgebildet, die die Fantasie anregen. Die Instruktion für das Tablett können die Kinder über die Sprachklammer abhören. Für die Bearbeitung des Tabletts müssen sich zwei Kinder zusammenfinden, denn es geht darum, gemeinsam eine Geschichte zu erzählen. Dabei muss man einander zuhören und sich auf sein Gegenüber einlassen. Ein Kind beginnt und wählt den ersten Stein aus der Schüssel. Davon inspiriert darf es mit dem Erzählen der Geschichte beginnen. Das andere Kind wählt im Anschluss den nächsten Stein und knüpft an die Geschichte des ersten Kindes an.

Material

- bemalte Steine
- einen Behälter für die Steine
- eine Sprachklammer

Varianten

Die Kinder können jeweils etwas auf ein Blatt malen und damit gemeinsam ihre Geschichte erzählen. Alternativ kann man auch Bildkarten verwenden. Um die Geschichte zu dokumentieren, können die Kinder sich zusätzlich beim Erzählen aufnehmen.

Pädagogischer Hinweis

Es gibt Aktionstabletts, bei denen es sinnvoll ist, dass die Kinder zu zweit oder in einer kleinen Gruppe an der Aufgabe arbeiten. Dies sollte entsprechend gekennzeichnet sein. Zusätzlich sollten die Pädagogen hier die Situation im Blick haben.

Virtueller Museumsrundgang

So geht's

Mittlerweile bieten viele Museen digitale Rundgänge an. So ist es möglich, von der Kita aus Ausstellungen weltweit zu besuchen. Alles, was es dazu braucht, sind ein Tablet und ein QR-Code, die auf dem Tablett ausliegen. Ziel für einen Museumsrundgang könnte es sein, ein bestimmtes Gemälde innerhalb des Museums zu finden. Das gesuchte Bild liegt ebenfalls ausgedruckt auf dem Tablett. Die Kinder müssen nun virtuell die verschiedenen Räume und Etagen des Museums auf der Suche nach dem Gemälde durchlaufen. Dabei müssen die Kinder sich absprechen: Durch welchen Raum sind wir schon gegangen? Vor welchem anderen Gemälde möchten wir kurz verweilen und

Material

- ausgedruckter und laminierter QR Code
- ausgedruckte und laminierte Abbildung eines Gemäldes
- Tablet

darüber sprechen, weil es besonders faszinierend ist? Wie hat der Künstler bloß dieses schöne Gelb gemischt? Ist das gefunden geglaubte Gemälde wirklich das richtige, stimmen die Details? So kooperieren die Kinder und kommen gleichzeitig ins Gespräch über Kunst und ihre Wahrnehmung.

Varianten

Es können auch andere Kunstaustellungen besucht werden, sodass die Kinder beispielsweise mit Skulpturen oder Installationen in Berührung kommen. Ebenso eignen sich andere historische, technische oder naturkundliche Museen, um an das Lernen der Kinder anzuknüpfen.

Vertiefung

Ist das Interesse der Kinder über das Gemälde einmal geweckt, bietet es sich an, mit den Kindern über den Künstler oder die Künstlerin zu sprechen: Wie ist der Malstil? Was wird abgebildet? Was möchte der Künstler oder die Künstlerin wohl mit dem Bild ausdrücken? Danach können nach Herzenslust eigene Gemälde im Stil des Besprochenen angefertigt werden. So kann man sich wohl am besten in das besprochene Vorbild hineinversetzen und lernt gleichzeitig verschiedene Kunsttechniken kennen.

Pädagogischer Hinweis

Kommt ein digitales Endgerät auf einem Aktionstablett zum Einsatz, muss dieses für den Gebrauch mit Kindern entsprechend vorbereitet sein. Die vorgesehene App für die Aufgabe muss installiert und vorher ausprobiert werden. Andere Programme, die nicht für die Kinder bestimmt sind, sollten entsprechend gesperrt bzw. geschützt sein.

Der kranke Hund

So geht's

Auf einem Tablett ist ein sprechendes Buch arrangiert. Als Frontbild ist ein Foto von einem traurigen bzw. kranken Hund eingesetzt. Innerhalb des Buches sind Abbildungen eingefügt, die Vorschläge geben, wie man dem Hund helfen könnte. An diesem Tablett geht es darum, dass zwei Kinder sich in die Perspektive des Hundes hineinversetzen und gemeinsam überlegen, wodurch es dem Hund besser gehen könnte. Dazu können sie die zur Verfügung gestellten Bilder nutzen, aber auch eigene Ideen aufmalen und in das sprechende Buch einfügen. Zum Schluss können die Kinder ihre Geschichte, wie sie dem Hund helfen würden, mit der Aufnahmetaste in dem Buch festhalten.

Material

- sprechendes Buch mit eingefügten Bildern
- Stifte, leeres Papier

Variante

Es sind viele Situationen möglich, mit denen sich die Kinder bei einem solchen Tablett beschäftigen können. Gibt es vielleicht gerade häufig Streit um ein Spielzeug oder hat jemand etwas im Kindergarten verloren? Alltagssituationen geben häufig einen Anlass zum Sprechen und bieten Kindern die Möglichkeit zur Perspektivübernahme und Kooperation.

Pädagogischer Hinweis

Um den individuellen Bedürfnissen der Kinder gerecht zu werden, ist es eine sinnvolle Idee, verschiedene Schwierigkeitsgrade oder Varianten einer Aufgabe für ein Aktionstablett vorzubereiten und anzubieten.

1, 2, 3 – Streit vorbei!

So geht's

Auf einer Legoplatte ist eine Situation mit Legofiguren dargestellt. Daneben liegen Fotos, die weitere Szenen der dargestellten Situation zeigen. Es wird deutlich: Die Szenen handeln von einem Streit unter Kindern. Dabei fehlt jedoch die Schlussszene: Wie endet der Streit? Das offene Ende wird über ein beigelegtes Foto mit Fragezeichen verdeutlicht. Es handelt sich um eine Kooperationsaufgabe, bei der die Kinder gemeinsam überlegen, wie der Streit entstanden sein kann und wie man ihn lösen könnte. Dabei lernen die Kinder, sich in die Situation hineinzuversetzen und dass verschiedene Handlungen unterschiedliche Konsequenzen haben können. Die Auflösung des Streits

Material

- Legogrundplatte
- aufgebaute Legokulisse aus Bausteinen und Figuren
- Fotos mit verschiedenen Szenen
- Foto mit Fragezeichen

können die Kinder mit den Legofiguren nachstellen, fotografieren und mit dem ausgedruckten Foto den Streitverlauf inklusive ihres Lösungsvorschlages auslegen und präsentieren.

Variante

Alternativ könnte man verschiedene Endszenen für die Auflösung der Situation bereitlegen, aus denen die Kinder wählen können. Gemeinsam kann man mit den Kindern besprechen, auf welche Endszene welche Konsequenzen folgen könnten, und somit mit den Kindern verschiedene Argumentations- und Entscheidungsunterstützungen erarbeiten.

Vertiefung

Der Einsatz von Lego bietet sich dafür an, einen Stop-Motion-Film zu erstellen. Haben die Kinder erst einmal ein Ende für ihre Streitsituation entwickelt, können sie die Handlungsabfolge auch filmisch darstellen.

Pädagogischer Hinweis

Um die Faszination der Kinder zu gewinnen, ist es eine gute Idee, auch Aktionstabletts in außergewöhnlichen Arrangements, Größen, Formen und mit ungewöhnlichen Gegenständen oder Abbildungen anzubieten. Das weckt die Neugier und regt zum Mitmachen an.

Vorhang auf – Freunde stellen sich vor!

So geht's

Die Kinder finden auf dem Aktionstablett ein Tablet, auf dem die App Puppet Pals installiert und vorbereitet ist. Hier geht es darum, den besten Freund oder die beste Freundin mithilfe der App vorzustellen. Dabei müssen die Kinder sich Gedanken über das Gegenüber machen und überlegen, was den anderen zu einem guten Freund bzw. einer guten Freundin macht. Dazu können die Kinder sich gegenseitig sowie Dinge, die sie gerne mögen, wie das Lieblingsessen, die Lieblingsfarbe etc., aufmalen und fotografieren. Innerhalb der App können die Kinder die Fotografien nach Belieben ausschneiden und zwischen verschiedenen Hintergründen wählen. Sind sie mit dem Setting zufrieden,

Material

- Tablet mit einsatzbereiter Foto-App und Puppet Pals-App
- Stifte und Papier

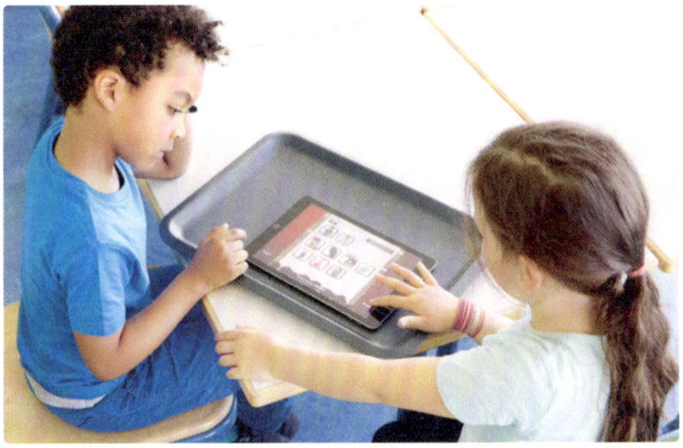

können sie den Aufnahmebutton drücken, ihre Figuren bewegen und dazu sprechen. So entsteht ein individueller Film, indem die Kinder ihre beste Freundin oder ihren besten Freund vorstellen und erklären, was diese(n) besonders ausmacht.

Variante

Eine Variante dieses Tabletts kann die Vorstellung eines Pädagogen sein. Dazu können sich anstatt zweier Kinder ein Kind und ein Pädagoge zusammensetzen und sich mittels der App gegenseitig vorstellen und über Vorlieben und schöne Erlebnisse erzählen und diese szenisch darstellen.

Pädagogischer Hinweis

Bei der Nutzung von Aufnahmegeräten und Apps zur Tonaufnahme (z. B. Puppet Pals) ist es wichtig, dass es möglichst keine anderen Hintergrundgeräusche neben den Sprechenden gibt. Ansonsten besteht die Gefahr, dass das eigentlich Aufgenommene nicht oder nur schwer zu verstehen ist.

Frühstück rund um die Welt

So geht's

Auf dem Tablett sind verschiedene Landesflaggen und Bilder von »länderspezifischem« Frühstück sowie ein Tablet mit einsatzbereiter Puppet Pals-App arrangiert. Die Kinder können hier das Frühstück den Ländern zuordnen und überlegen, was es für Gemeinsamkeiten mit ihrem eigenen Frühstück gibt. Vor der Nutzung der App können die verschiedenen Frühstücksarten fotografiert werden und nach Belieben auch Komponenten des eigenen Frühstücks von zu Hause, aufgemalt oder als Foto, dazu genommen werden. Innerhalb der App stellen die Kinder ein Frühstück nach ihren Vorstellungen zusammen und beschreiben, wie und was sie gerne essen. Durch dieses Tablett lernen die

Material

- laminierte Flaggen
- Bilder von verschiedenem Frühstück
- Tablet mit vorbereiteter Puppet Pals-App

Kinder, dass es verschiedene Lebensweisen gibt, diese sich aber gut vereinen lassen und das eigene Leben bereichern können.

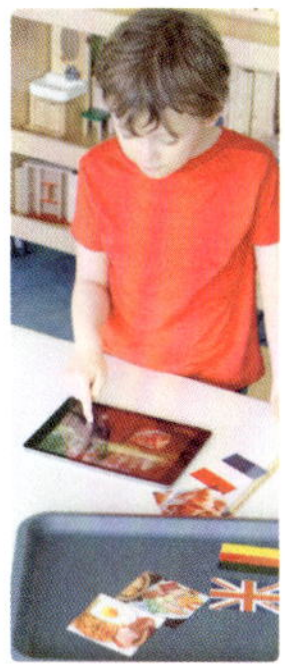

Vertiefung

Sind die Kinder einmal mit dem Thema vertraut, ist es eine schöne Idee, gemeinsam ein Frühstücksbuffet mit unterschiedlichen länderspezifischen Frühstückskomponenten zusammenzustellen, bei dem die Kinder alles probieren und kombinieren können. Vielleicht entdecken sie etwas Neues, was ihnen besonders gut schmeckt und beim nächsten Frühstück nicht mehr fehlen darf! Hier bietet es sich auch an, die Eltern mit einzubinden, sodass sie gemeinsam mit ihren Kindern ein außergewöhnliches Frühstück erleben. Bestimmt beteiligen sich die Eltern auch gerne an der Vorbereitung.

Pädagogischer Hinweis

Achten Sie darauf, nicht in Stereotype zu verfallen, wenn Sie Länder, Kontinente und deren Einwohner thematisieren. Es ist wichtig, den Kindern nahezubringen, dass sich Menschen aufgrund ihrer Herkunft bzw. ihres Wohnortes nicht auf bestimmte Weise verhalten müssen. Kulturen können auf vielfältige Weise ausgelebt werden und werden stets durch unterschiedliche Menschen weiterentwickelt. Dennoch gibt es natürlich ein spezifisches Kulturgut in verschiedenen Regionen, das gerne von Kindern erkundet wird.

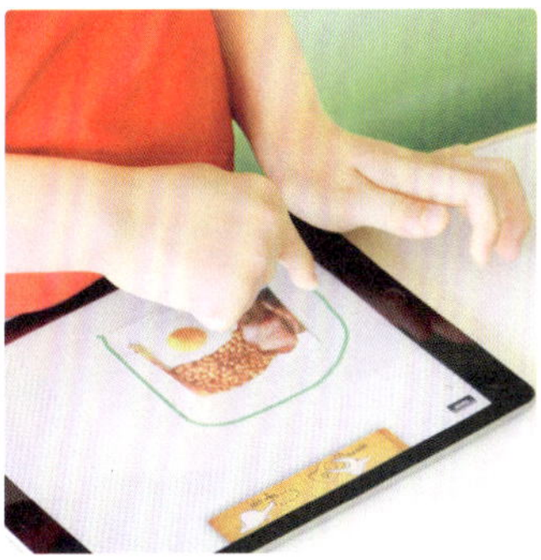

Schaut mal, wer ich bin und was ich kann

Ich-Kompetenz fördern

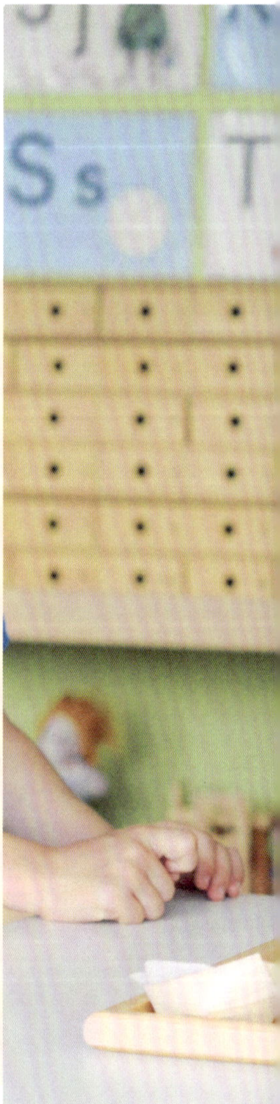

Die Ich-Kompetenz umschreibt die Fähigkeit der Kinder, ein positives Selbstbild zu entwickeln und sich ihrer Individualität bewusst zu sein. Kinder können ihre Gefühle und Bedürfnisse wahrnehmen und sie ihrem Umfeld mitteilen. Sie sind in der Lage, selbstständig zu handeln und in ihre Fähigkeiten zu vertrauen. Die Ich-Kompetenz umfasst auch die wichtige emotionale Selbstregulation, die Kinder dazu befähigt, mit Misserfolgen umzugehen und die eigenen Bedürfnisse, wenn nötig, vorübergehend hintanzustellen.

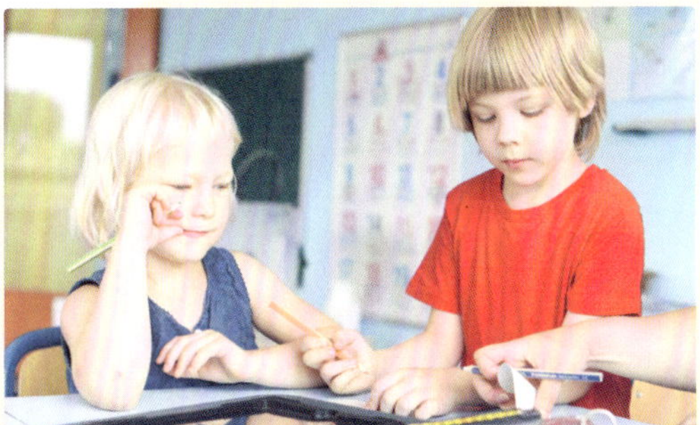

Mal so, mal so – über Gefühle

So geht's

Auf diesem Tablett finden die Kinder Bilder von Alltagssituationen und entspechende Gefühlsausdrücke, dargestellt durch Emojis. Gemeinsam setzen sich ein Kind und ein Pädagoge zusammen und besprechen die Situationen, die auf den bereitgelegten Bildkarten abgebildet sind. Die durch Emojis ausgedrückten Gefühlsausdrücke sollten zunächst mit den Kindern eingeführt werden. Ziel des Tabletts ist es, den Handlungssituationen Gefühlslagen zuzuordnen, die darin zu erkennen sind oder entstehen können. Eine leitende Frage kann dabei sein, wie man sich selber in den Situationen fühlen würde. Das hilft den Kindern, ihre Emotionen und Gefühle einzuordnen und als solche

Material

- Bilder von Alltagssituationen
- Emojis

erkennen zu können. Gleichzeitig können Kinder sich mit diesem Wissen besser in die Gefühle anderer hineinversetzen und ihre Handlungsweisen nachvollziehen. Die dargestellten Situationen sollten aus der Lebensrealität der Kinder sein und sich auf den gemeinsamen Alltag im Kindergarten konzentrieren. Themen aus dem häuslichen Umfeld sollten vermieden werden, um keine sensiblen Inhalte anzuschneiden. Dieses Tablett wird durch einen Pädagogen begleitet, um das gemeinsame Philosophieren anzustoßen und Emotionen des Kindes aufzufangen.

Vertiefung

Kinder sind in der Regel daran interessiert, wie es anderen geht und wie sie ihre eigenen Gefühle ausdrücken und einordnen können. Gemeinsam kann tiefgründiger darüber philosophiert werden, was die Kinder glauben, warum es überhaupt Gefühle gibt, wie man diese deuten und daraufhin anderen Menschen begegnen kann. Das kann z. B. auf den neuen Lebensabschnitt, der mit der Schule beginnt, übertragen werden.

Pädagogischer Hinweis

Werden über das Aktionstabletts intime und emotionale Themen bearbeitet, müssen etwaige Ängste und Sorgen, die die Kinder schildern, einfühlsam aufgefangen werden. Diese sollten idealerweise in einem anderen Kontext als dem Aktionstablett wieder aufgegriffen werden, um ihnen gerecht werden zu können. Um einer solch sensiblen Situation vorzubeugen, sollten Themen für die Aktionstabletts möglichst positiv ausgerichtet sein oder intensiv begleitet werden.

Ein Steckbrief über mich

So geht's

Auf diesem Tablett finden die Kinder Platz, festzuhalten, was ihre Vorlieben sind. Die Kinder können ein Bild von sich in die Mitte legen und die darum angeordneten Felder füllen. Der Rahmen macht deutlich, mit welchen Inhalten sie gefüllt werden können: Mal ist er aus Tieren zusammengesetzt, ein andermal aus Farben oder Speisen. Nun können sich die Kinder ihren eigenen Steckbrief basteln, indem sie überlegen, was sie mögen, und damit die Rahmen füllen. Zur Auswahl stehen Bilder, die passend zu den thematischen Rahmen sortiert sind: beispielsweise Speisen, Tiere oder Farben. Darüber hinaus können die Kinder natürlich ergänzende Bilder malen.

Material

- laminierte Fotos der Kinder
- laminiertes Blatt mit verschiedenen thematischen Rahmen
- thematisch passende Bilder zum Füllen der Rahmen

Variante

Eine schöne Idee ist es, den Kindern mithilfe der App Puppet Pals die Möglichkeit zu geben, ihren Steckbrief zu animieren und etwas dazu einzusprechen.

Pädagogischer Hinweis

Bei manchen Themen gibt es kein richtig und kein falsch. Somit gibt es auch keine Möglichkeit zur Selbstüberprüfung. Dies ist immer der Fall, wenn es darum geht, dass Kinder Wünsche, Vorstellungen oder Vorlieben sprachlich oder bildlich vorstellen. Hier ist es wichtig, den Kindern ein mündliches Feedback zu geben oder bildliche Darstellungen auszustellen und so ihre Individualität wertzuschätzen.

Das bin ich!

So geht's

Für dieses Tablett müssen Fotos von den Vorschulkindern gemacht werden. Diese können dann mittels einer Puzzle-App in einzelne Puzzleteile zerlegt werden. Auf dem Aktionstablett liegen ein Tablet mit den vorbereiteten digitalen Puzzles und ein Inspirationsfoto bereit. Jetzt ist jedes Kind gefragt, das eigene fotografische Selbstporträt zusammenzupuzzlen. Dieses spiegelt den Kindern noch einmal ihr eigenes Aussehen wider und kann ihnen ihren Werdegang und ihr Älterwerden bewusst machen. Es ist empfehlenswert, im Nachgang zu diesem Aktionstablett noch einmal ein reflektierendes Gespräch zu führen, um die Ich-Kompetenz der Kinder zu stärken. Der Fokus sollte dabei auf der

Material

- Tablet mit vorbereiteten Fotopuzzles
- Inspirationsfoto

eigenen Entwicklung, dem Älterwerden und den Lernfortschritten liegen. Dazu kann das Portfolio zur Hilfe genommen werden. Hier können Bilder aus der vergangenen Kindergartenzeit verdeutlichen, wie viel man schon gewachsen ist, gelernt und erlebt hat.

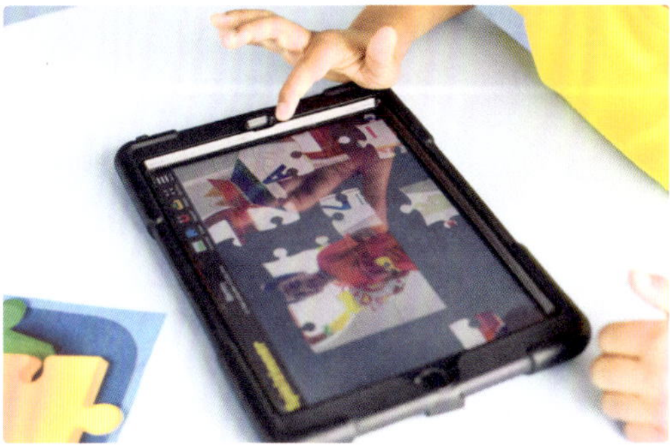

Pädagogischer Hinweis

Jedes Kind ist einzigartig und sieht anders aus: Es gibt verschiedene Hautfarben, Haarfarben, Körperformen, Augenformen, Behinderungen usw. Und jeder hat das Recht auf eine freie Entfaltung seiner Persönlichkeit. Das heißt z. B. auch, dass jeder das anziehen kann, was er schön findet. Wenn es zu Gesprächen über das unterschiedliche Aussehen von Kindern kommt, ist es bedeutsam, den Kindern dies in einem positiven Weg zu vermitteln und sie sensibel zu begleiten. Unterschiede sollten erklärt und Nachfragen beantwortet werden. Somit können Themen enttabuisiert werden, um Vorurteilen und Stereotypen vorzubeugen. Wissende Kinder sind kompetente Kinder, die sich nicht aufgeschnappten Aussagen zum Verstehen der Welt bedienen müssen.

Welche Regeln sind mir wichtig?

So geht's

Bei diesem Aktionstablett geht es darum, eigene Grenzen und Regeln zu definieren. Dazu liegen ein sprechendes Buch, Papier, Stifte und ein Tablet mit der Puppet Pals-App bereit. Für diese Aufgabe finden sich zwei Kinder und ein Pädagoge zusammen, um angeleitet über Regeln und eigene Grenzen zu sprechen.

Die Kinder können ihnen wichtige Regeln aufschreiben bzw. aufmalen, diese in das sprechende Buch einfügen und eine Erklärung dazu aufnehmen. Auch kann ein Video mittels Puppet Pals dazu erstellt werden, in dem die aufgemalten Regeln sowie beispielsweise eine dazu passende Situation oder ein Raum abfotografiert und szenisch dargestellt werden.

Material

- sprechendes Buch
- Stifte, Papier
- Tablet mit vorbereiteter Puppet Pals-App

Vertiefend

Weitergehend kann man sich im Rahmen dieses Aktionstabletts mit allgemeinen Regeln bis hin zu Gesetzen auseinandersetzen. Durch die Beschäftigung mit Ethik und Moral kann das gemeinsame Philosophieren angestoßen werden. Hier lohnt es sich, einen Experten wie z. B. einen Polizisten zurate zu ziehen, den man gemeinsam befragen und mit dem man anschließend diskutieren kann.

Pädagogischer Hinweis

Die Bearbeitung von Aktionstabletts erfordert eine Menge Konzentration. Aus diesem Grund ist es wichtig, Aktionstabletts an einem Ort aufzustellen, an dem die Kinder die nötige Ruhe finden und möglichst wenig Ablenkungsquellen entstehen können.

Selbstporträt der Zukunft

So geht's

Bei diesem Tablett geht es darum, die eigene Identität kreativ auszudrücken. Die Kinder finden auf einem Aktionstablett eine Farbpalette, einen Wasserbecher und Pinsel. Das Tablett ist auf einem Hocker neben einer Staffelei platziert, auf dem ein mindestens DIN A3 großes Papier befestigt ist. Die Aufgabe der Kinder ist es, sich hier so zu malen, wie sie sich in ihrem zukünftigen Traumberuf vorstellen. Es ist eine schöne Idee, eine Ausstellung aller Porträts zu veranstalten. Dabei sind auch Eltern und zukünftige Lehrkräfte eingeladen, sodass alle Kunstwerke gebührend präsentiert und die Zukunftswünsche aller besprochen werden können.

Material

- Farbpalette
- Pinsel, Wasserbecher
- Staffelei
- Papier

Pädagogischer Hinweis

Für das Malen an der Staffelei wird viel Platz und ausreichend Licht benötigt. Es ist schön, wenn es hierfür ein eigenes Atelier bzw. einen Kunstraum mit großen Fenstern gibt. Aber auch der Flur bietet sich an, solange er hell und geräumig ist. Alternativ kann der Garten zum Freiluft-Atelier umfunktioniert werden. Auch der Ausstellungsort der Bilder sollte gut gewählt sein.

1

So lerne ich das Lernen

Lernkompetenz fördern

Die lernmethodischen Kompetenzen umfassen das Bewusstsein der Kinder darüber, dass sie lernen und wie sie lernen: Ihnen ist bewusst, dass sie sich auch in alltäglichen Situationen vielfältiges Wissen aneignen. Kinder mit starken lernmethodischen Kompetenzen forschen und experimentieren, um an Lösungen zu gelangen, und überwinden dabei Misserfolge. Sie können Probleme kreativ bewältigen und selbstständig Lösungswege entwickeln. Wenn sie nicht weiterkommen, wissen sie, dass sie sich z. B. Hilfe holen können. Zu den Lernkompetenzen gehört auch, Sachverhalte zu hinterfragen und einzuordnen. Kinder müssen dazu die Fähigkeit entwickeln, genau hinzusehen. So können sie beispielsweise Muster wiedererkennen und Details wahrnehmen.

Pädagogen unterstützen die Entwicklung von lernmethodischen Kompetenzen, indem sie die Kinder als Mitlernende begleiten, die auch nicht auf alle Fragen eine Antwort haben, sondern gemeinsam mit den Kindern forschen und neugierig sind. Es ist wichtig, den Kindern Raum und Zeit zu geben, altersgerechte Impulse selbstständig zu bearbeiten.

17 18 19 20

Was versteckt sich im Gemälde?

So geht's

In manchen Gemälden verstecken sich Objekte, die erst bei genauerem Hinsehen auffallen. Die Kinder sind dazu eingeladen, auf Spurensuche zu gehen und Ungeahntes in den Bildern zu entdecken. Über die Sprachklammer können Pädagogen die entsprechende Instruktion geben, sodass je zwei Kinder sich selbstständig mit dem Tablett beschäftigen können. Die Kinder müssen sich konzentrieren und kreativ denken, um über die Wahrnehumg des Offensichtlichen hinauszugehen. Im Austausch mit dem anderen Kind kann besprochen werden, ob sich die Wahrnehmung der Kinder unterscheidet oder ob alle die selben versteckten Elemente aufgespürt haben.

Material

- Sprachklammer
- Gemälde, in denen Objekte versteckt sind (zum Beispiel »Irinaland über dem Balkan« von Friedrich Hundertwasser oder »Die Beständigkeit der Erinnerung« von Salvador Dalí)

Pädagogischer Hinweis

Möchte man das ästhetische Empfinden der Kinder fördern, sollten Aktionstabletts besonders ansprechend gestaltet werden. Kinder fühlen sich von schönen Dingen angezogen. Das macht Lust, etwas auszuprobieren! Denkbar sind bunte Farben, Blumen, spiegelnde, leuchtende oder glitzernde Elemente. Der Kreativität sind keine Grenzen gesetzt.

Zwei Schafe, ein Problem

So geht's

Wie kommen die Schafe über das Wasser auf die andere Flussseite? Vor dieser Frage stehen die Kinder an diesem Aktionstablett und sind eingeladen, sich eine kreative Lösung einfallen zu lassen. Als Anregung gibt es ein paar Abbildungen, die vielleicht nicht auf den ersten Blick eine sinnhafte Lösung sind, aber zur kreativen Bildung von Hypothesen inspirieren: Ob wohl die Rollschuhe eine Hilfe sind? Dieses Tablett wird am besten zu zweit bearbeitet, um sich gegenseitig unterstützen und Impulse geben zu können. Ist erst einmal eine Lösung gefunden, lässt sich diese mithilfe einer Stop-Motion-App szenenweise fotografieren und im Anschluss zu einem Film verarbeiten.

Material

- ein laminiertes Bild eines Settings (hier ein Fluss mit Ufer links und rechts)
- Protagonisten (hier laminierte Bilder von Schafen)
- laminierte Gegenstände, die Lösungsansätze bieten (hier Boot, Fahrrad etc.)
- ein Tablet mit installierter Stop-Motion-App

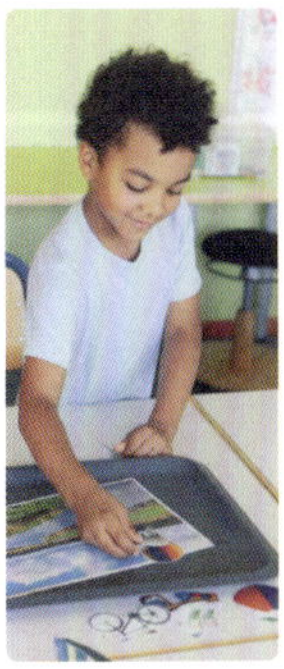

Pädagogischer Hinweis

Müssen Kinder ein Problem lösen, stellen sie Hypothesen auf. Es regt das kreative Denken und Problemlösen an, wenn diese Hypothesen nicht immer nur das Nächstliegende sein müssen, sondern auch mal abstrakt sein können. Geben Sie dazu Impulse (z. B. Fotos), die Kinder zum kreativen Denken anregen. Das gemeinsame Bilden und Überprüfen von Hypothesen ist eine wichtige Form des Philosophierens mit Kindern. Pädagogen sollten sich dabei auf die Lösungen der Kinder einlassen, auch wenn sie auf den ersten Blick keinen Sinn ergeben. Sind die Dinge nicht allzu aufwendig, kann man sie sogar selbst einmal ausprobieren: Kann man etwa eine Brücke aus Ketchup bilden?

Wie kommt das Wasser zur Pflanze?

So geht's

Auf einem Aktionstablett finden die Kinder eine kleine Topfpflanze, Schüsseln mit Wasser sowie verschiedene Hilfsmittel zum Wassertransport. Hier geht darum auszuprobieren, wie die Hilfsmittel funktionieren und wie man möglichst unfallfrei das Wasser aus einer der Schüsseln zu der Pflanze transportieren kann.

Die Kinder können in ihrem kreativen Denken herausgefordert werden, wenn zum Wassertransport auch Gegenstände auf dem Tablett liegen, die nicht im herkömmlichen Sinne zum Wassertransport gedacht sind. Eine Schnur etwa kann richtig verwendet auch eine Pflanze tränken. Um diesen Zusammenhang herzustellen, muss erst einmal überlegt und getüftelt

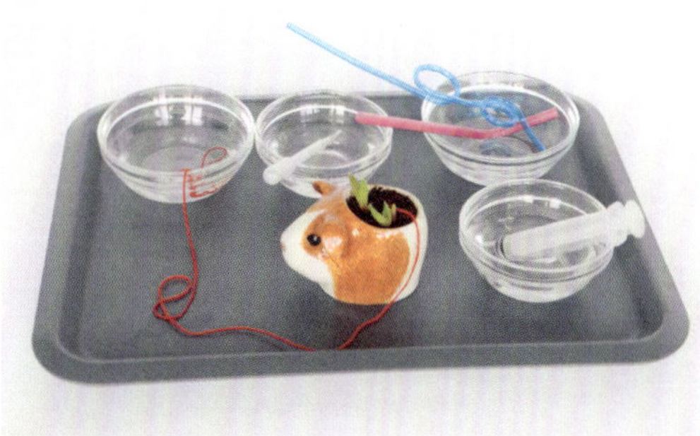

Material

- eine kleine Topfpflanze
- kleine Schüsseln mit Wasser
- Hilfsmittel zum Wasser-transport (Schnur, Spritze, Pipette etc.)

werden, bis man auf die Lösung kommt. Natürlich kann man sich auch Tipps von anderen Kindern und Pädagogen einholen.

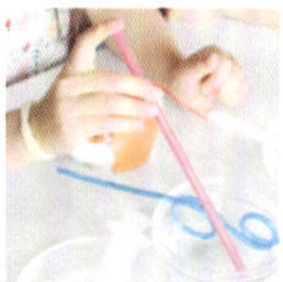

Pädagogischer Hinweis

Kinder vor für sie zu lösende Probleme zu stellen, regt kreatives und problemlösendes Denken an. Das ist eine Kompetenz, die ihnen auch in der Schule helfen wird, Situationen und Aufgaben selbstständig zu meistern. Außerdem kann man dabei auch eine Menge Inhaltliches lernen: Versuche ich, auf verschiedene Weise Wasser zu transportieren, lerne ich beispielsweise etwas über die Beschaffenheit von Materialien und die Eigenschaften von Wasser. Es sind sicherlich eine Menge solcher Aufgaben für ein Aktionstablett denkbar.

Vertiefung

Im Zusammenhang mit diesem Aktionstablett kann ein ganzes Projekt zum Thema Pflanzen durchgeführt werden. Dort kann man mit den Kindern die Merkmale von Pflanzen und die benötigte Energie- und Nährstoffzufuhr sowie den Wachstumszyklus in kleinen Experimenten und Angeboten erforschen.

Sagt das Internet immer die Wahrheit?

Medienkompetenz fördern

Mit zunehmendem Alter und der Schule als neuem Umfeld nimmt auch die Präsenz von Medien im Leben der Kinder zu. Damit Kinder für diese Lebenswelt gewappnet sind, ist es nötig, dem sinnvollen Umgang mit Medien besondere Beachtung zu schenken. Kinder sollen keine passiven Konsumenten sein, sondern Medien als Werkzeuge kennenlernen, mit denen sie forschen, verstehen und kreativ sein können.

Im Rahmen des Übergangs in die Grundschule ist es deshalb wichtig, die Medienkompetenz von Kindern aufzubauen und zu stärken. Dazu gehört, dass Kinder lernen, wie sie Informationen im Internet sammeln und wie sie diese reflektieren können. Ihnen sollte bewusst sein, dass es einen Unterschied zwischen der realen Welt und ihrer digitalen Darstellung gibt: Was wir sehen und was wir glauben zu sehen, muss nicht immer das Gleiche sein.

Wer Medien verstehen möchte, muss auch wissen, wie sie funktionieren. Medien und Technik müssen ausprobiert und in eigene Projekte eingebunden werden. So begreifen Kinder, wie sich digitale Medien für eigene Ziele verwenden und sogar verändern lassen. Deshalb ist es empfehlenswert, dass sich Kinder auch Wissen über die technischen Grundlagen aneignen. Um eine Idee davon zu bekommen, wie beispielsweise Fernsehproduktionen, Filme oder digitale Spiele entstehen, eignet sich einfache Software, die in der Kita ausprobiert und in Projekte integriert wird. Auf den nächsten Seiten finden Sie Empfehlungen für den Einsatz digitaler Medien in der Kita.

Digitale Medien in der Kita

Mobile Endgeräte wie Tablets verfügen genau wie die darauf enthaltenen Apps über verschiedene Funktionen, die bereits Vorschulkinder nutzen können. Vor dem Einsatz solcher Apps ist es wichtig, dass Pädagogen sich mit der Funktionalität vertraut machen. Sie müssen wissen, was die Anwendungen können und wie man sie bedient. Die Kinder sollten dann zunächst selbst ausprobieren, wie die Anwendung funktioniert. Danach gilt es, die digitalen Medien und Apps didaktisch sinnvoll in Projekte einzuarbeiten.

Schon die **Kamera** eines digitalen Endgeräts ist ein hervorragendes Feature. Schicken Sie die Kinder beispielsweise auf die Suche nach Formen von Alltagsgegenständen in der Einrichtung und sammeln Sie Fotobeweise. Oder fotografieren Sie etwas, indem Sie sehr nah heranzoomen, und drucken Sie das Bild dann aus. Anschließend können Sie gemeinsam mit den Kindern philosophieren, um welchen Gegenstand es sich handeln könnte und wo er fotografiert wurde.

Die meisten Tablets verfügen über eine Funktion für **Videoanrufe**. Alternativ können Sie dafür auch eine App wie Skype nutzen. Die Kinder rufen dann von einem Tablet auf dem anderen an und können sich dabei hören und sehen. Diese Funktion lässt sich für Ratespiele nutzen, bei denen man im Wechsel herausfinden muss, in welcher Umgebung das Gegenüber sich gerade befindet. Eine weitere schöne Idee ist es, eine Außenreportage mit den Kindern zu initiieren, bei der ein Kind als Reporter in der Einrichtung unterwegs ist. Die Kinder am anderen Endgerät verfolgen dann live, was gerade Spannendes passiert.

Auch **QR-Codes** sind für Kinder sehr interessant, weil sie mitbekommen, dass Erwachsene solche Codes im Alltag nutzen. Zum Beispiel, wenn das Bahnticket als QR-Code vorliegt und das Zugpersonal diesen einscannt, um die benötigten Informationen abzulesen. Mit einer App können Sie beispielsweise ein erstelltes Video der Kinder oder eine Anleitung für eine Aufgabe in Form einer Videobotschaft in einen QR-Code umwandeln und ausdrucken. Wird der QR-Code mit einer QR-Scanner-App eingescannt, gelangen die Kinder direkt zum hinterlegten Inhalt.

Stop-Motion-Videos sind für Kinder ebenfalls sehr spannend. Mit entsprechenden Apps lässt sich kinderleicht ein eigener kleiner Film produzieren. Dabei lernen die Kinder, wie das genau funktioniert und wie dabei Bilder zum Leben erweckt werden. Mit der App Stop Motion Pro fotografieren Sie einzelne Szenen vor einem grünen Hinter- oder Untergrund.

Danach spielen Sie die einzelnen Fotos hintereinander oder rückwärts ab, suchen verschiedene Hintergründe aus und erstellen einen Abspann.

Mit **Apps zur Foto- und Videobearbeitung** wie Photo Booth lassen sich Fotos auf verschiedene Weise verändern. Sie können neue Hintergründe definieren, das Foto oder Video kann plötzlich in einer Comic-Optik erscheinen und vieles mehr. Solche Apps eignen sich gut für Projekte, die veranschaulichen sollen, dass Fotos, die im Internet oder in der Werbung gezeigt werden, nicht unbedingt die Realität abbilden.

Mit Puppet Pals lassen sich auf einfache Weise **Filme** drehen. Die Akteure schneiden Sie einfach mithilfe der App aus zuvor dafür aufgenommenen Bildern aus. Danach lassen sich die Figuren mit dem Finger auf dem Display hin und her bewegen, vergrößern und verkleinern. Wenn der Aufnahmemodus aktiviert ist, kann man das bewegte Bild mit einer gesprochenen Geschichte oder Beschreibung versehen. Die App eignet sich beispielsweise zur Verfilmung einer Geschichte oder zur Darstellung eines Experiments.

Es gibt auch weitere elektronische Medien wie **Lernroboter, sprechende Bücher und sprechende Klammern,** die sich neben Apps sinnvoll im Kindergarten einsetzen lassen. Mit Lernrobotern können erste Programmiertechniken vermittelt und ausprobiert werden. Das geht beispielsweise mit Bee-Bots, die sich mit Pfeiltasten auf dem Rücken in verschiedene Richtungen bewegen lassen. Beim sprechenden Buch werden vorbereitete Bildkarten oder selbst gemalte Bilder in das Buch einsortiert und mithilfe einer Sprachaufnahmefunktion zu einer passenden Geschichten verknüpft. Ein Buch verfügt über mehrere zu besprechende Seiten. Auf einer sprechenden Klammer können Sprachmemos oder Geräusche aufgenommen und festgehalten werden. Diese kann dann an einen passenden Platz geklemmt werden.

Das große Fernsehinterview

So geht's

Ein Aktionstablett mal anders: ein Interview wie in einem echten Fernsehstudio. Hier handelt es sich um ein Lernarrangement, das über ein eingrenzendes Aktionstablett hinaus geht. Arrangiert ist eine Ecke mit einem Greenscreen, zwei Sitzmöglichkeiten, einem Mikrofon und einem Tablet – Material und Kulisse für ein echtes Interview. Doch wer stellt die Fragen und wer antwortet? Welche Fragen stellt man überhaupt und wer führt die Kamera? Hier kann ein Pädagoge passend zum aktuellen Thema im Kindergarten Impulse setzen und mit den Kindern Interviewfragen vorbereiten. Beim Übergang zur Grundschule bietet es sich an, ein Interview vorzubereiten,

Material

- ein Greenscreen (z. B. aus Pappe oder einem Laken)
- zwei Stühle
- ein Mikrofon
- ein Tablet mit installierter Greenscreen-App

bei dem es darum geht, bereits Gelerntes zu reflektieren und zu überlegen, was man in der Schule noch alles lernen möchte. Dann geht es los: Ein Kind interviewt das andere und ein drittes filmt das Interview unter Verwendung einer Greenscreen-App. Dadurch kann beispielsweise der Hintergrund so verändert werden, dass es so aussieht, als würde man in einem Fernsehstudio sitzen. Im Anschluss kann man sich das Interview gemeinsam anschauen.

Pädagogischer Hinweis

Kinder sehen tagtäglich, dass Erwachsene in ihren Berufen digitale Medien und technische Geräte nutzen. Klar, dass auch sie sehr interessiert daran sind! Sie wollen nachvollziehen können, was die Erwachsenen damit machen. Damit Kinder lernen, dass digitale Medien sinnvolle Werkzeuge für die Arbeit sind, kann man Aktionstabletts anbieten, bei denen die Kinder einmal in die Rolle eines Erwachsenen schlüpfen können. Cool sieht das aus, wie Reporter andere mit ihren Mikrofonen befragen und mit den Kameras filmen. Doch was passiert, wenn man keine Fragen vorbereitet hat? Und wie fühlt es sich wohl an, einem Reporter Rede und Antwort zu stehen und dabei aufgenommen zu werden?

Kann Wasser rückwärts fließen?

So geht's

Bei diesem Aktionstablett gehen die Kinder Bild- und Videomaterial auf den Grund. Dazu wird hier ein kleines Experiment vorbereitet: Gläser mit verschiedenfarbigem Wasser sowie eine große leere Schüssel stehen bereit. Ein Kind gießt nacheinander das Wasser aus den Gläsern in die große Schüssel. Parallel macht ein Kind in einer Stop-Motion-App Fotos davon, die im Anschluss zu einem Kurzfilm zusammengeschnitten werden. Mit einer Funktion in der App kann der Film danach rückwärts abgespielt und erneut betrachtet werden. Beim Betrachten wird deutlich, dass man in Filmen eine andere Version der Realität darstellen kann, denn plötzlich gibt es eine ganz andere Handlung:

Material

- Gläser mit unterschiedlich eingefärbtem Wasser
- eine große Schüssel
- ein Tablet mit installierter Stop-Motion-App

Pädagogischer Hinweis

Kommen für Aufgaben technische Geräte oder Apps zum Einsatz, ist es wichtig, diese vorher mit den Kindern eingeführt und ausprobiert zu haben. So sind sie sicher in der Anwendung und können sich der Aufgabe selbstständig widmen.

Das Wasser fließt nun nicht mehr nach unten, sondern nach oben und wird im Verlauf des Videos immer heller. Ein guter Anlass, um gemeinsam darüber zu philosophieren, ob Videos und Filme immer die Realität abbilden.

Aus nah und fern

So geht's

Zur Vorbereitung dieses Tabletts müssen Fotos von verschiedenen Gegenständen aus der Kita gemacht werden. Für jeden der Gegenstände braucht es drei Aufnahmen: ein Foto in Detailaufnahme, ein Foto, auf dem der Gegenstand im Ganzen zu erkennen ist, und eine Aufnahme in Weitsicht, sodass der Gegenstand im Raum versteckt zu sehen ist. Die Fotos werden entsprechend der Aufnahmenweite in Schälchen sortiert. Ziel ist es, dass die Kinder die drei Fotos je Gegenstand zusammenbringen und dabei die verschiedenen Perspektiven der Aufnahme nachvollziehen. Die Instruktion für das Tablett können die Pädagogen über eine Sprachklammer an die Kinder richten.

Material

- Sprachklammer
- Schälchen mit Fotos in Detailaufnahme, Normalaufnahme und Weitaufnahme

Variante

Die Zuordnung der Fotos ist eine größere Herausforderung, wenn die Fotos nicht mehr entsprechend ihrer Aufnahmeweite einsortiert sind.

Vertiefung

Wenn die Kinder das Prinzip hinter den verschiedenen Aufnahmeweiten verstanden haben, können sie auch selber Fotos von Gegenständen aus verschiedenen Distanzen machen und die Fotoauswahl auf dem Tablett damit erweitern.

Pädagogischer Hinweis

Gegenstände auf Aktionstabletts werden stark bespielt. Deswegen sollte darauf geachtet werden, dass die verwendeten Materialien möglichst robust sind. Beispielsweise sollten Bilder, Fotos und Karten laminiert werden, denn Papier oder Pappe gehen schnell kaputt.

2

Vom Tagesablauf zum Stundenplan

Wie der Kindergarten auf die Schulfächer vorbereitet

Der Kindergarten hat seit der Bildungsoffensive in Deutschland neben der Betreuung und Erziehung auch einen klaren Bildungsauftrag, der in Bildungsplänen festgehalten wird. Darin sind vorschulische Bildungsprozesse beschrieben, die zeigen, welche Kompetenzen Kinder erlernen sollten, um an einen chancengleichen Übergang zur Grundschule anknüpfen zu können. Bildungspläne bieten somit eine Orientierung für Pädagogen und ihre alltägliche Arbeit. Gleichzeitig dienen sie als Grundlage für die Kommunikation mit Eltern in Bezug auf die pädagogische Förderung und Entwicklungsbegleitung.

Bildungspläne machen Vorschläge für die Aufbereitung von Bildungsthemen innerhalb der einzelnen Kompetenzbereiche. Im vorschulischen Bereich entwickeln die Kinder aber auch von ganz alleine einen großen Wissensdurst in verschiedenen Bildungsbereichen, denn sie sind jetzt die »Großen« und freuen sich auf die Schule. Sie wollen etwas über Sprache und Schrift, Mathematik und Naturwissenschaften erfahren, sie stellen Fragen über die Gesellschaft, in der sie sich bewegen, und haben große Freude, wenn sie neue motorische Herausforderungen meistern können. Dazu gehört beispielsweise, den eigenen Namen zu schreiben oder Zahlen zu kennen und zuzuordnen. Auch gesellschaftliche Fragen werden für Kinder in diesem Alter relevant. Der natürliche Forscherdrang im Vorschulalter ist groß, weshalb geeignete Experimente sinnvoll sind. Diesen Wissensdurst gilt es zu fördern, um die Kinder gut auf die Schule vorzubereiten. Dafür eignen sich gut umsetzbare Aktionstabletts in den Bereichen Sprache und Schrift, Mathematik, Naturwissenschaften, Gesellschaftswissen und Motorik.

- Sprachkompetenz und Sprechfähigkeit fördern
- Buchstaben und Schriftbildung fördern
- Zahlen und Mengenverständnis fördern
- Gesellschafts- und Weltwissen fördern
- Verständnis von naturwissenschaftlichen Gesetzen und Phänomenen fördern
- Motorische Kompetenzen fördern

Ich erzähl' euch was

Sprachkompetenz und Sprechfähigkeit fördern

Die Entwicklung der Sprache in frühen Jahren ist ein sehr entscheidender Schritt. Denn erst mit der Sprache sind Kinder in der Lage, ihre Bedürfnisse und Gefühle differenzierter auszudrücken. Die Sprachentwicklung findet hauptsächlich alltagsintegriert statt, doch es sollten auch gezielte Impulse gegeben werden, die dem Entwicklungsstand entsprechen. Im Vorschulalter gehen Kinder schon sehr gut mit Sprache um. Sie können vollständige Sätze bilden und Anweisungen verstehen und umsetzen. Auch ein grammatikalisches Grundverständnis gehört zur Sprachkompetenz. Kinder entwickeln ein Gefühl dafür, wie beispielsweise ein Plural gebildet wird oder Verben gebeugt werden. Sie lernen, Laute zu erkennen und zu unterscheiden, mit Worten zu spielen und Geschichten zu erzählen. Auf diesem Weg wird die Grundlage dafür geschaffen, Bedürfnisse, Wünsche und Fragen ausdrücken zu können.

Wenn der Wecker klingelt …

So geht's

Hier geht es darum, die Sprachkompetenz der Kinder zu fördern. Dazu finden die Kinder auf dem Tablett laminierte Abbildungen, ein sprechendes Buch und eine Sprachklammer, welche die Aufgabe erklärt. Die Bilder sollen in einer für die Kinder sinnvollen Reihenfolge in das sprechende Buch einsortiert werden.

Daraus lässt sich dann eine zusammenhängende Geschichte aufnehmen. Damit die Aufgabe für die Kinder gut lösbar ist, sollte eine reduzierte Anzahl an Bildern ausgewählt werden, die alle an die Lebensrealität der Kinder anknüpfen. Wie wäre es mit einem Tagesablauf?

Material

- laminierte Abbildungen oder Fotos
- sprechendes Buch
- sprechende Klammer

Pädagogischer Hinweis

Die Aufgabenstellung für ein Aktionstablett soll für die Kinder selbsterklärend sein. Aufgabenstellungen können z. B. visuell dargestellt oder aufgenommen werden. Es sollte darauf geachtet werden, dass die Aufgabenstellung die Kinder in ihrem Tun nicht einschränkt – eine Problemstellung oder ein Element, das die Faszination bündelt, reichen schon als Impuls aus.

Die Giraffe taucht im Meer

So geht's

Auf diesem Tablett finden die Kinder allerlei anregendes Material, um ihre eigene Geschichte zu erfinden. In einem Schatzkörbchen liegen impulsgebende Figuren und Materialien wie beispielsweise Tierfiguren, Muscheln oder Steine bereit. Dazu gibt es eine Auswahl an Hintergrundlandschaften, in denen die Geschichte spielen kann. Das Tablett wird in Teamarbeit behandelt. Dabei müssen die Kinder auf die Ideen des anderen eingehen und erleben, wie das Gegenüber an ihre eigenen Impulse angeknüpft. Das Ende der Geschichte ist somit für alle unvorhersehbar.

Material

- laminierte Hintergrund-bilder im A4-Format
- anregendes Material (z. B. Figuren, Naturmaterialien) in einem Körbchen oder Säckchen

Vertiefung

Haben die Kinder ihre Geschichte erst einmal gemeinsam entwickelt, kann diese mithilfe der Materialien zu einem Stop-Motion-Film verarbeitet werden. Die Geschichte wird dabei also zum Drehbch für einen eigenen Film, der stolz präsentiert werden kann.

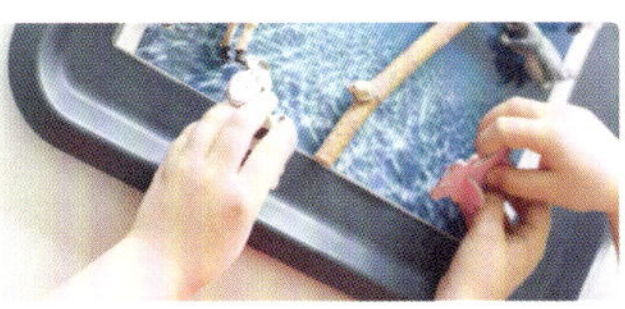

Pädagogischer Hinweis

Es ist gewünscht, dass Kinder eigene Ideen und Lösungsvorschläge in die Bearbeitung der Tabletts einbringen. Dabei ist es wichtig, diese Kreativität anzuerkennen und den Kindern mit einem positiven Feedback widerzuspiegeln.

Fisch und Tisch? Das klingt ja ähnlich!

So geht's

In diesem Memory-Spiel geht es um das Zuordnen von Reimpaaren. Dazu finden sich zwei Kinder zusammen, die abwechselnd ein Paar der umgedrehten Bilder aufdecken dürfen. Reimen sich die Bezeichnungen der darauf abgegebildeten Gegenstände, darf das jeweilige Kind sich das Paar vom Tablett nehmen.

Durch das Experimentieren mit Reimen erweitern die Kinder ihr Bewusstsein für die formalen Eigenschaften von Sprache. Zudem lernen die Kinder, sich an die Regeln für ein gemeinsames Spiel zu halten, zu warten, bis der andere seinen Zug macht, und gegebenenfalls auch mit Enttäuschung umzugehen.

Material

- 12 laminierte Bildchen, die Reimpaare bilden

Variante

Der Schwierigkeitsgrad kann variert werden, indem mehr Karten und schwierigere Wörter ausgewählt werden. Das funktioniert auch andersherum.

Vertiefung

Bestimmt fallen den Kinder noch weitere Reimpaare ein, die zusätzlich ins Memory eingeführt werden können. Gemeinsam mit den Pädagogen kann dann ein passendes Bild ausgesucht, gedruckt, laminiert und ausgeschnitten werden.

Pädagogischer Hinweis

Die Aktionstabletts sind so konzipiert, dass die Kinder sie selbstständig nutzen können. Die Kinder sind dementsprechend auch dafür verantwortlich, sie selbst wieder auf- bzw. wegzuräumen, sodass sie vom nächsten Kind genutzt werden können. Dennoch liegt die Verantwortung für Vollständigkeit und Nutzbarkeit der Tabletts bei den pädagogischen Fachkräften. Sie tragen Sorge dafür, dass die Tabletts am richtigen Ort stehen und fehlende oder kaputte Teile ersetzt werden.

2

Ich kann bald schreiben

Buchstaben und Schriftbildung fördern

Anhand der hier vorgestellten Aktionstabletts bekommen Kinder Einblick in die deutsche Kommunikations- und Schriftkultur. Sie verstehen, dass das gesprochene Wort schriftlich festgehalten und so von jedem entziffert werden kann. So soll die Freude darauf geweckt werden, auch schriftlich kommunizieren zu können. Viele Kinder fangen schon vor der Grundschule an, mit Schrift und Zeichen zu experimentieren. Sie imitieren beispielsweise Erwachsene und zeichnen Schriftähnliches. Eines der ersten Worte, das Kinder erkennen und zuordnen können, ist häufig der eigene Name. Selbstgemalte Bilder mit seinem Namen versehen zu können oder anhand des Namens erkennen zu können, welche Zahnbürste die eigene ist, bedeutet zudem einen wichtigen Schritt in der Identitätsentwicklung. Mit den folgenden Tabletts können die Kinder ihre Schriftkompetenz durch die spielerische Auseinandersetzung mit Buchstaben und Schrift weiterentwickeln.

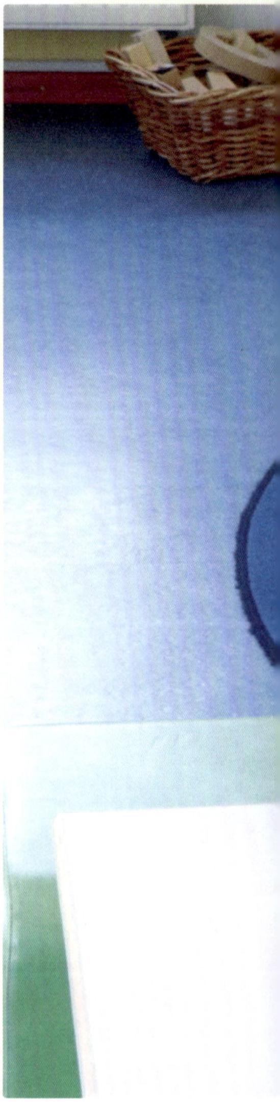

AURA

Rr Ss Tt

Buchstaben-Coding

So geht's

In die Welt der Buchstaben einzutauchen ist für Vorschulkinder sehr interessant. Etwas mit einem Stift aufzuschreiben wie „die Großen", kann durch die Verschlüsselung der Buchstaben noch spannender gemacht werden. Dazu wird ein Blatt Papier vorbereitet, auf dem im oberen Teil alle Buchstaben des Alphabets sowie jeweils eine zugeordnete Zahl abgebildet sind. Darunter sind Zeilen mit Zahlen angeordnet, die, wenn man den passenden Buchstaben zuordnet, einfache Worte ergeben. So können sich die Kinder spielerisch mit Buchstaben und ersten einfachen Wörtern auseinandersetzen. Gleichzeitig werden sie an das Prinzip des Codings herangeführt.

Material

- ein Blatt Papier mit codierten Buchstaben, welche Lösungswörter ergeben
- Stift

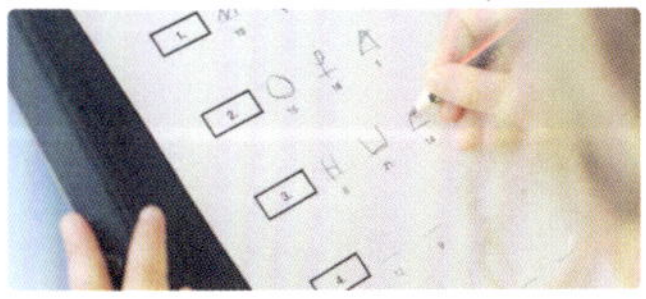

Variante

Diese Übung kann man auch mit digitalen Medien verbinden, etwa mithilfe eines Bee-Bots und einer Bee-Bot-Matte. In die Taschen der Matte können Buchstaben eingelegt werden. Auf einem Blatt Papier können Codes in Form von Richtungspfeilen mit einer entsprechenden Anzahl angegeben werden, die einen, wenn man sie richtig an den Bee-Bot weitergibt, zu den richtigen Buchstaben führen. Nacheinander kann man die erreichten Buchstaben notieren und erhält ein oder ggf. mehrere Lösungswörter.

Pädagogischer Hinweis

Die Methode der Aktionstabletts kann auch gut zu Hause von den Eltern aufgegriffen werden. Bei einem Elternabend können Aktionstabletts vorgestellt werden und das pädagogische Prinzip erklärt werden. Wer Lust hat, kann dann bei einer Elternaktion direkt selbst aktiv werden und gemeinsam mit den Pädagogen Tablettvarianten für zu Hause konzipieren und erstellen.

Mit der Hand im Sand

So geht's

Viele Kinder interessieren sich in der Vorschulzeit für Buchstaben und üben, erste einfache Worte zu schreiben. Einfacher als mit einem Stift kann man das mit dem Finger im Sand üben. Dazu bietet es sich an, ein Sandtablett zu nutzen. Die Kinder können mit einem Holzstab den Sand glätten und dann nach Belieben mit dem Finger im Sand Buchstaben schreiben. Durch das haptische Erlebnis in Verbindung mit den Bewegungsabläufen der Buchstaben werden diese einfacher verinnerlicht.

Material

- Tablett mit Umrandung
- feiner Spielsand
- Holzstab

Pädagogischer Hinweis

Auch Kinder im gleichen Alter können unterschiedliche Entwicklungsstände oder körperliche Voraussetzungen haben. Es ist wichtig, dies bei der Planung und Gestaltung von Aktionstabletts zu berücksichtigen. Aktionstabletts sollten so angeboten werden, dass keiner ausgeschlossen wird. Bieten Sie dementsprechend Hilfsmittel oder Alternativen an.

Das ist mein Name!

So geht's

Auf einem Tablett stehen eine Schüssel, in der Knöpfe und Buchstaben vermischt sind, sowie Pinzetten bereit. Hier ist die Feinmotorik gefragt: Mit der Pinzette müssen die Buchstaben, die sich zwischen den Knöpfen verstecken, gegriffen und zum eigenen Namen zusammengelegt werden. Man kann sich auch an anderen Namen oder ersten einfachen Worten versuchen. Gemeinsam können die Kinder auch ein Wort legen und dazu abwechselnd die Buchstaben aus der Schüssel greifen. Dafür braucht es Absprachen: Welches Wort legen wir? Wer fängt an?

Material

- Schüssel mit unterschiedlichen Knöpfen und Buchstaben
- Pinzetten

Variante

Auch andere Materialien für das Legen von Buchstaben und Namen sind denkbar. Wie wäre es mit Schrauben und Muttern oder Gewürzen? Eine weitere spannende Variante ist es, die Buchstaben auf einem Tablett aus buntem Acrylglas zu legen, welches von oben beleuchtet wird, und darunter ein Blatt Papier zu platzieren, auf dem sich der Schatten der Buchstaben abbildet. Dieser kann dann von den Kindern nachgezeichnet werden.

Pädagogischer Hinweis

Manchmal lassen sich verschiedene Kompetenzen auf einem Aktionstablett in Verbindung fördern. Es ist aber darauf zu achten, dass die kombinierten Aktivitäten auf dem Aktionstablett aufeinander abgestimmt sind. Beispielsweise lassen sich grobmotorische und feinmotorische Aktivitäten nicht so gut verbinden.

Ich kann zählen und weiß, was viel oder wenig ist

Zahlen und Mengenverständnis fördern

Beim Übergang vom Kindergarten in die Grundschule können viele Kinder bis zehn oder weiter zählen sowie Mengen zu den arabischen Ziffern bis 10 zuordnen. Auch geometrische Formen und Muster können Kinder in diesem Alter schon erkennen und darstellen. Sie haben Freude daran, alles Mögliche zu zählen, zu sortieren und zuzuordnen. Diese Fähigkeiten lassen sich mit den vorgeschlagenen Tabletts mittels Zähl-, Zuordnungs-, Wiege- und Messaufgaben üben und ausbauen. Kinder brauchen konkrete Herangehensweisen und einen Bezug zur Realität, um mathematische Experimente ausprobieren, erkennen und lösen zu können.

1
2
8
9

10 ist mehr als 5

So geht's

Vorschulkinder können sich an diesem Tablett bewusst machen, dass hinter jeder Zahl eine Menge steckt. Dazu lassen sich in Schraubgläsern, die mit verschiedenen Zahlen beschriftet sind, die entsprechenden Mengen an getrockneten Bohnen einfüllen. Durch das Glasgefäß können die Kinder dann erkennen, dass im Glas mit der 10 mehr Bohnen sind als im Glas mit der 5. Beim Befüllen der Gläser mit einer Pinzette schulen die Kinder ihre Feinmotorik, während sie das Zählen üben.

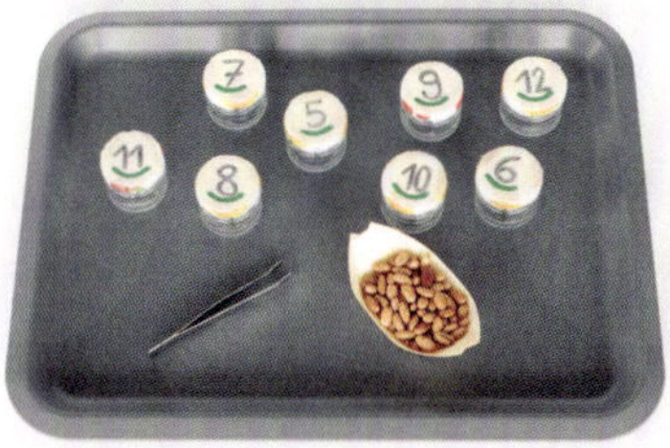

Material

- getrocknete Bohnen
- mit Zahlen beschriftete Schraubgläser
- Pinzette

Variante

Statt der getrockneten Bohnen lassen sich natürlich auch hier verschiedene Materialien nutzen, die gut mit einer Pinzette greifbar sind.

Pädagogischer Hinweis

Werden Aktionstabletts in einer Einrichtung neu eingeführt, ist es wichtig, die Kinder an das System der Tabletts gut heranzuführen und sie zu Beginn zu begleiten. Dazu können am Anfang Tabletts mit weniger komplexen Aufgaben und Komponenten ausgewählt werden.

Federleicht oder schwer wie ein Bär?

So geht's

Bei diesem Aktionstablett geht es darum, das Gewicht im Verhältnis zur Menge von einzelnen Materialien zu schätzen, zu wiegen und zu vergleichen. Sind fünf Federn so schwer wie fünf Korken? Auf dem Tablett finden die Kinder unterschiedliche Materialien zum Wiegen, davor steht eine Waage mit Gewichten. So finden die Kinder zum einen das Gewicht von einzelnen Materialien heraus und können zudem Gewichtsvergleiche mit unterschiedlichen Materialien anstellen. Hier kann alleine oder im Team gearbeitet werden.

Material

- Waage mit Gewichten
- Schälchen/Gläser o. Ä. mit unterschiedlichen Materialien

Variante

Der Auswahl an Materialien sind keine Grenzen gesetzt und auch mit verschiedenen Aggregatzuständen kann experimentiert werden: Wiegt ein Eiswürfel so viel wie die gleiche Menge an flüssigem Wasser?

Pädagogischer Hinweis

Kinder lernen durch das Forschen.
Es entspricht ihrem Lernverhalten, Dinge auszuprobieren und anzuwenden, um sie zu verstehen. Es ist daher sinnvoll, Aktionstabletts in Form von Experimenten anzubieten. Diese eignen sich zum selbstständigen Lernen, weil man Hypothesen aufstellen, sofort überprüfen und bestätigen kann oder aber alles verwirft und von Neuem startet.

Den Zahlen auf der Spur

So geht's

Wer genau hinsieht, entdeckt im Alltag allerlei versteckte Zahlen. Ob es der Stuhl ist, der eigentlich wie eine umgekehrte Vier aussieht, oder die runden Sitzkissen, die zusammengeschoben eine Acht ergeben. Mithilfe des Tablets können die Kinder sich gemeinsam in der Gruppe auf die Suche nach Zahlen im Kindergarten machen und diese fotografieren.
Wer Materialien kreativ einsetzt, kann auch selbst Zahlen entstehen lassen. Gemeinsam können Zahlen aus Lego, Bastelmaterialien oder Naturmaterialien gelegt werden. Auch andere kreative Ideen können hier einfließen.

Material

- Tablet
- Inspirationsfotos von entdeckten Zahlen

Variante

Die Fotos der entdeckten Zahlen im Kindergarten eignen sich auch als Ausgangspunkt für eine digitale Schnitzeljagd. Wer erkennt, in welchem Raum sich diese Materialien befinden?

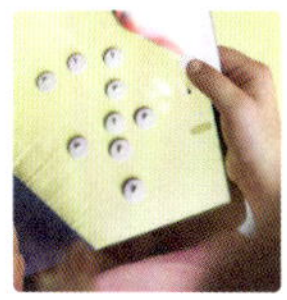

Pädagogischer Hinweis

Kinder sind stolz, wenn sie in die Organisation des Alltags integriert werden. Das zeigt ihnen, dass sie ein wichtiger Teil der sozialen Gemeinschaft sind. Deswegen ist es sinnvoll, Kinder in die Vorbereitung von Aktionstabletts mit einzubeziehen. Beispielsweise können gemeinsam Bilder ausgewählt, laminiert und zugeschnitten werden.

Ich weiß wichtige Dinge über unsere Gesellschaft

Gesellschafts- und Weltwissen fördern

Sobald sie sprechen können, stellen Kinder Fragen. Mit zunehmendem Alter werden die Fragen immer differenzierter. Kinder möchten wissen, wie die Regeln in Deutschland sind: Warum darf man manches und warum nicht? Und wer bestimmt diese Regeln? Kinder nehmen auch immer mehr Dinge aus ihrer Umwelt wahr, z. B. die Müllabfuhr mit ihren Müllwerkern, und fragen sich: Warum gibt es diesen Beruf und was gehört alles dazu? Solche gesellschaftlich relevanten Themen und Fragen lassen sich auf Aktionstabletts aufgreifen, damit die Kinder sich die Welt Schritt für Schritt selber erschließen können.

Ich bin ein Kind und ich habe Rechte!

So geht's

Es gibt allgemeingültige Rechte für alle Menschen, aber es gibt auch Rechte speziell für Kinder. Es ist eine wichtige Aufgabe, den Kindern dieses Wissen zu vermitteln. Hierfür braucht es einen Pädagogen, der dieses Thema einfühlsam mit den Kindern behandelt. Für das Tablett werden Kinderrechte in Form von laminierten Fotos symbolisiert. Ein Pädagoge bespricht gemeinsam mit einem Kind die enzelnen Rechte und ordnet ein, welches der Bilder einem Kinderrecht entspricht und welches nicht. Gibt es für Kinder ein Recht auf Pizza? Und was bedeutet ein Recht auf gewaltfreie Erziehung?

Material

- unterteiltes Tablett
- laminierte Bilder

Pädagogischer Hinweis

Auf Aktionstabletts können auch gesellschaftliche Themen, wie Kinderrechte, bearbeitet werden. Vor allem bei solchen Themen braucht es eine Anleitung, denn es kann zu sensiblen und intimen Gesprächen kommen. Es ist deshalb wichtig, dass ein Pädagoge Aktionstabletts dieser Kategorie einfühlsam begleitet. Es bietet sich an, dies mit einem Symbol am Tablett anzuzeigen, welches die Kinder kennen bzw. welches vorher eingeführt wurde. So können sie aktiv auf einen Pädagogen zugehen, um das Tablett gemeinsam zu bearbeiten.

Was wäre, wenn es keine Busfahrer gäbe?

So geht's

Wer holt eigentlich unseren Müll ab? Und wer backt unsere Brötchen? Es gibt viele Berufe in unserer Gesellschaft, die unser alltägliches Leben ermöglichen. Oftmals ist uns das gar nicht so bewusst, weil es wie selbstverständlich passiert. Um das Thema Berufe und deren Bedeutung für unsere Gesellschaft aufzugreifen, eignet sich dieses Aktionstablett. Hier sind Fotos von Personen in verschiedenen Berufen abgebildet, die dazu anstoßen, gemeinsam mit dem Pädagogen über die Funktion und Bedeutung der Berufe zu sprechen.

Material

- laminierte Fotos von Menschen, die einen Beruf ausüben

Vertiefung

Hier bietet es sich an, ein Projekt zum Thema Berufe durchzuführen, in dem die Kinder Experten befragen können und evtl. eine Berufsstätte besuchen können. Wie wäre es mit einem Projekt zum Thema Nachhaltigkeit? Hier kann sowohl theoretisch als auch praktisch einiges über Mülltrennung, Umweltverschmutzung, die Produktion von Waren und vieles mehr gelernt werden.

Pädagogischer Hinweis

Werden für Aktionstabletts Abbildungen von Menschen verwendet, sollte auf die Diversität geachtet werden, denn im Alltag ist sie allgegenwärtig. So kann sichergestellt werden, dass sich alle Beteiligten der sozialen Gemeinschaft mit der Aufgabe auf dem Aktionstablett identifizieren können.

Mit allen Sinnen durch den Frühling

So geht's

Jahreszeiten lassen sich mit allen Sinnen wahrnehmen. Vor allen Dingen der Frühling bietet Genuss zum Riechen, Fühlen, Hören, Sehen und Schmecken. Auf diesem Tablett sind verschiedene Materialien gesammelt, anhand derer die Kinder ihre Sinne einsetzen können, um den Frühling zu entdecken. Es gibt Blumen zum Ansehen, Potpourris zum Riechen, Honig zum Schmecken, Sprachklammern mit Bienengesumm zum Hören und Weidenkätzchen zum Fühlen. Ziel des Tabletts ist es, den verschiedenen Sinnen Objekte zuzuordnen: Kann ich die Blumen schmecken? Kann ich den Honig hören?

Material

- Sprachklammern mit z. B. Bienengesumm oder Vogelgezwitscher
- Blumen und Potpourris
- Bilder von Blumen, Insekten usw.
- Honig

Gemeinsam können die Kinder ihre Wahrnehmung reflektieren und ihre Sinne sensibilisieren.

Vertiefung

Die Sinneswahrnehmung lässt sich als Projektthema vertiefen. Dabei kann z. B. eine Sinnesreise durch den Garten gemacht werden, bei der konzentriert die Ohren gespitzt werden oder mit einer Lupe auf Beobachtungstour gegangen wird. Gemeinsam lassen sich Blumen sammeln, die dann ganz bewusst mit allen Sinnen wahrgenommen werden. Ein bereichernder Lernort wäre beispielsweise der Besuch beim Imker, sodass vor Ort geschmeckt, gefühlt, gehört, gesehen und gerochen werden kann.

Pädagogischer Hinweis

Gibt es Aktionstabletts, auf denen es um das Riechen und Probieren von Nahrungsmitteln oder Pflanzen geht, muss vorher abgesichert sein, dass bei den Kindern keine Allergien bestehen. Gegebenenfalls sollten Alternativen angeboten werden.

Ich erforsche die Welt

Verständnis von naturwissenschaftlichen Gesetzen und Phänomenen fördern

Im Vorschulalter haben die meisten Kinder einen gewissen Erfahrungsschatz und verfügen über Wissen zu verschiedenen physikalischen Gesetzmäßigkeiten und Naturphänomenen. Sie haben Schwerkraft erfahren, sich mit der Fliehkraft auseinandergesetzt und kennen sich schon gut mit der Natur und den in ihr lebenden Tieren und Pflanzen aus. Kinder müssen die Welt, in der sie sich bewegen, verstehen und erforschen. Dazu gehören auch technische und digitale Geräte: Kinder lernen, wie man diese bedient und wie Strom funktioniert, und sie erfahren etwas über die Leitfähigkeit von Gegenständen. Diese Kompetenzen lassen sich mit Aktionstabletts gut ausbauen.

Der Trick vom Salz im Wasser

So geht's

Mit diesem Tablett können Kinder die Eigenschaften von Süß- und Salzwasser untersuchen. Dafür braucht man Gläser mit unterschiedlich angereichertem Salzwasser bzw. Wasser, Karten mit Abbildungen für die Zuordnung sowie einen kleinen Schwimmer. Die Kinder können nun ausprobieren, in welchem Wasserglas der Schwimmer am höchsten und in welchem er am niedrigsten über der Wasseroberfläche steht. So finden sie heraus, in welchem Glas viel, in welchem ein bisschen und in welchem Glas gar kein Salz enthalten ist. Dies können sie dann mit den entsprechenden Karten zuordnen. Natürlich kann man sich bei diesem kniffligen Tablett auch mal einen Tipp einholen.

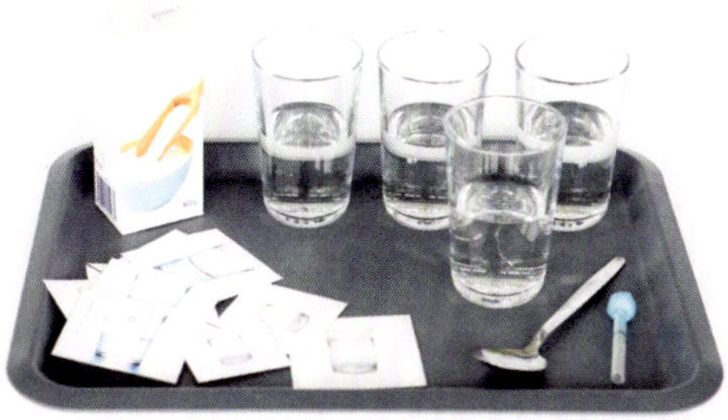

Material

- Wassergläser befüllt mit Wasser und unterschiedlich viel Salzgehalt
- ein Schwimmer (abgeschnittener Strohhalm mit einer Markierung, abgedichtet mit Knete)
- laminierte Karten zur Zuordnung

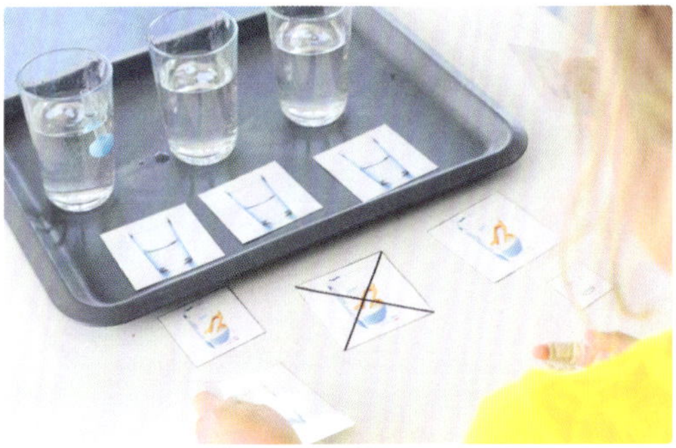

Pädagogischer Hinweis

Wenn Kinder Experimente mit Wasser machen, sollte beachtet werden, dass immer etwas auslaufen oder umkippen kann. Dementsprechend ist der Ort für ein Aktionstablett mit Wasser wohlüberlegt auszuwählen. Außerdem sollte das Wasser aus hygienischen Gründen regelmäßig ausgetauscht werden.

Das Geheimnis der Farben im Licht

So geht's

Licht ist gar nicht so eintönig wie man vielleicht denken mag, denn hinter den gelblich wahrgenommenen Sonnenstrahlen oder künstlichen Lichtquellen stecken viele Farben. Aber wie werden die Farben, die man beispielsweise bei einem Regenbogen entdecken kann, sichtbar? Das kann man an diesem Tablett herausfinden und mit Licht experimentieren. Dazu liegen verschiedene lichtbrechende Materialien wie beispielsweise ein Prisma, eine Spektralbrille, ein Prismakaleidoskop sowie erklärende Bilder bereit. Die Kinder können dem Geheimnis der Farben im Licht auf die Spur gehen und nach Herzenslust ausprobieren.

Material

- Prisma
- Prismakaleidoskop
- Spektralbrille
- Farbenkreisel
- Inspirations- und Erklärbilder

Pädagogischer Hinweis

Aktionstabletts dienen als eine Form des selbstständigen Lernens. Dementsprechend müssen die Kinder auch selbstständig entscheiden können, mit welchem Thema sie sich auseinandersetzen wollen. Umso wichtiger ist es, dass die Tabletts an einem sinnvollen Ort zu finden sind und thematisch den Räumlichkeiten zugeordnet sind. Pädagogen sollten insbesondere bei Funktionsräumen in ihrer Einrichtung überlegen, wo sie das Tablett anbieten möchten.

Der Großstadtfuchs

So geht's

Heimische Tiere haben unterschiedliche Lebensräume: Es gibt Füchse in der Großstadt, Enten im Park, Hasen auf der Wiese und Wildschweine im Wald. Manchmal ist es gar nicht so klar, wo welches Tier wohnt, und manch eines hat sich in verschiedenen Lebensräumen breitgemacht. Umso kniffeliger ist die Zuordnung einheimischer Tiere in die verschiedenen Lebensräume auf diesem Tablett. Als kleine Hilfestellung sind beispielhafte Fotos von Tieren in ihren Lebensräumen beigelegt, anhand derer die Kinder recherchieren können. In gemeinsamer Arbeit fällt das Bearbeiten des Tabletts den Vorschülern leichter. Vielleicht hat sogar schon jemand einen Fuchs in der Stadt gesichtet?

Material

- laminierte Bilder von verschiedenen Lebensräumen (z. B. Wald, Wiese, Stadt, Gewässer)
- laminierte Bilder von einheimischen Tieren (mehrfach, wenn das Tier in verschiedenen Lebensräumen vorkommt)
- beispielhafte Fotos von Tieren in ihren Lebensräumen

Pädagogischer Hinweis

Für kniffelige Aktionstabletts können Hilfestellungen zum Lösen angeboten werden. Als Anregung, wie sich die Aufgabe lösen lässt, kann ein erstes Beispiel auf dem Tablett bereitgelegt werden. Alternativ können Hinweise z. B. in Form von Fotos angeboten werden, die bei der Bearbeitung helfen und Orientierung bieten. So können sich die Kinder zum Schluss auch selbst kontrollieren.

Schaut mal, was ich kann

Motorische Kompetenzen fördern

Kinder sind ständig in Bewegung, und das schon vor ihrer Geburt. Vom ersten Greifen über das erste Drehen bis zum Krabbeln und schließlich dem Laufen gibt es in der frühen Kindheit viele Meilensteile, die Kinder selbstständiger machen und ihnen neue Möglichkeiten eröffnen. Bewegung und Motorik gelten als Entwicklungsmotor und sind deshalb in den Fokus zu stellen, auch in Form von gezielten Förderungsangeboten. Im Vorschulalter sind Kinder bereits richtige Bewegungskünstler. Am Übergang in die Grundschule sind vor allem Feinmotorik (etwa fürs Schreiben) sowie Gleichgewicht (im Zusammenhang mit Aufmerksamkeit und Konzentration) gefragt. Diese Themen lassen sich in den pädagogischen Arrangements der Aktionstabletts gut aufgreifen.

Schreiben mit dem Gartenhandschuh

So geht's

An diesem Tablett können Kinder ausprobieren, wie sich das Stifthalten und Schreiben bzw. Malen mit verschiedenen Handschuhen anfühlt. Während man mit dem Silikonhandschuh immer noch ein gutes Gefühl für den Stift hat, ist das Empfinden mit dem Gartenhandschuh schon eingeschränkter. Hier müssen die Kinder sensibel hinspüren, mit welcher Kraft sie den Stift fassen müssen, um die Einschränkung durch den Handschuh zu kompensieren. Mit den verschiedenen Handschuhen schreiben die Kinder immer das gleiche Wort auf einen vorbereiteten Zettel, um den Vergleich zum geschriebenen Wort ohne Handschuh zu sehen.

Material

- Handschuhe aus verschiedenen Materialien (z. B. Silikonhandschuh, Gartenhandschuh, Lederhandschuh)
- Stift
- Zettel mit Schreiblinien
- Foto des Handschuhs, der in der Zeile genutzt werden soll

Pädagogischer Hinweis

Manchmal braucht man gar nicht viele oder aufwendig zu besorgende Gegenstände, um ein Aktionstablett vorzubereiten. Die meisten Dinge findet man im Kindergarten oder im Haushalt. Viel wichtiger ist es, sich darüber Gedanken zu machen, wie man vorhandene Gegenstände sinnvoll einsetzen kann.

Mit den Häschenohren zur Schleife

So geht's

Sich die eigenen Schuhe binden zu können, ist ein weiterer Schritt auf dem Weg zur Selbstständigkeit. In der Schule brauchen Kinder dieses Können, um nicht von ihrer Lehrkraft abhängig sein zu müssen. Das Schuhebinden zu üben empfiehlt sich deshalb schon beim Übergang zur Grundschule. Zu diesem Zweck können Schuhschablonen aus Pappe, die mit einem Schnürsenkel versehen sind, erstellt und auf einem Aktionstablett angeboten werden. Daran können die Kinder den Bewegungsablauf zum Schleifebinden üben. Da sich das Schuhebinden durchaus kniffelig gestaltet, sollte ein Pädagoge die Bearbeitung des Tabletts betreuen und das Kind zu weiteren Versuchen ermuntern.

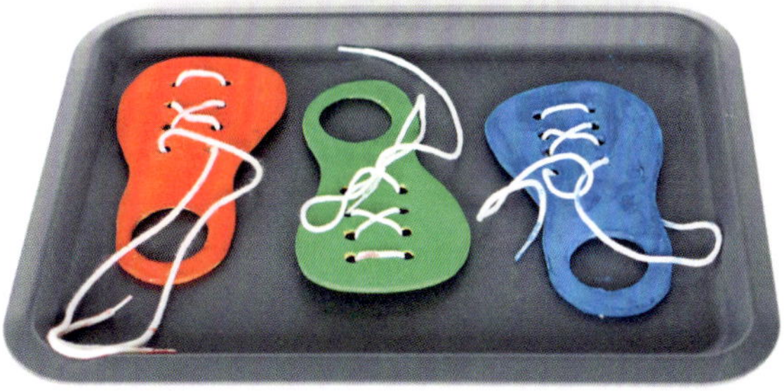

Material

- Schuhschablonen mit Schnürsenkeln

Variante

Mehr Bezug zu diesem Tablett kann entstehen, wenn die Kinder ihre eigenen Schuhschablonen basteln. Dabei sind Form, Farbe und genutzten Materialien keine Grenze gesetzt.

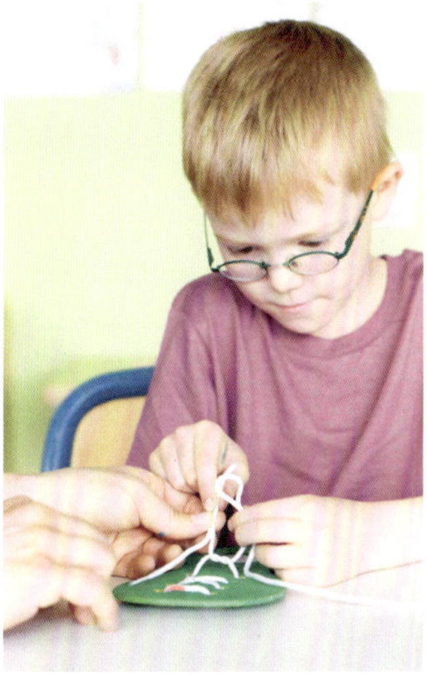

Pädagogischer Hinweis

Durch die Bearbeitung der Aktionstabletts können Kinder eine neue Entwicklungsstufe erreichen oder bereits Gelerntes vertiefen. Es ist eine gute Idee, die Arbeit der Kinder an den Aktionstabletts zu dokumentieren. So ist für die Kinder und auch die Eltern sichtbar, dass während des gesamten Kindergartenalltags auch neben den spezifischen Bildungsangeboten Bildung und Lernzuwachs stattfinden.

Immer in der Waage!

So geht's

Auf diesem Tablett finden Kinder Fotos oder Illustrationen von verschiedenen Turnübungen, welche das Gleichgewicht trainieren. Diese können zu einem Parcours angeordnet werden. Dazu kleben die Kinder mit dem Kreppband eine Linie auf den Boden und überlegen sich eine Reihenfolge der Turnübungen, die sie mit den Fotos neben der Linie anordnen. Wie häufig jede Übung gemacht werden soll, kann mit den beigelegten Zahlen verdeutlicht werden. Am meisten Spaß macht dieses Tablett gemeinsam in der Gruppe mit anderen Kindern. Für manche Übungen braucht es vielleicht eine Hilfestellung durch die Teammitglieder oder ein Kind, das die Übung erst einmal vormacht. Die Kinder

Material

- laminierte Fotos oder Illustrationen von Turnübungen
- laminierte Zahlenkärtchen in einem Schälchen
- Kreppband

können sich an diesem Aktionstablett darin üben, gemeinsam ein Ziel zu erreichen und sich dazu gegenseitig zu unterstützen.

Variante

Zusätzlich zu den Fotos für die Turnübungen können die Kinder auch Übungen für die jeweilige Station des Parcours bestimmen und sie den anderen Kinder vormachen.

Pädagogischer Hinweis

Aktionstabletts sind immer zu einem bestimmten Projekt und Schwerpunktthema im Einsatz. Sie dienen dazu, dass Kinder sich selbstständig vertiefend mit einem Thema auseinandersetzen und dabei Kompetenzen üben, die ihnen dazu verhelfen, einen nächsten Entwicklungsschritt zu erreichen. Die Verantwortung der Pädagogen liegt darin, dafür zu sorgen, dass die Aktionstabletts am Entwicklungsstand der Kinder anknüpfen und sie ansonsten entsprechend ihren Beobachtungen durch neue Tabletts ersetzt werden.

3

Kindergarten trifft Schule

Wie sich der Wechsel in die Schule praktisch gestalten lässt

Die Vorschulzeit ist für Kinder besonders aufregend. Verschiedene Emotionen treffen aufeinander: Neugier, Vorfreude und bei manchen Kinder auch etwas Angst in Bezug auf die sich bald ändernde Situation. Es ist gut, bei der Freude und der Neugier anzusetzen, um mögliche Ängste auszuräumen. Dafür bietet es sich an, mit Kindern und Eltern, aber auch mit den möglichen neuen Schulen zusammen Aktionen zu planen. Geeignete Ideen sind gemeinsame Abschiedsfeste, Schultütenbasteln, eine Kindergarten-Übernachtung mit besonderem Programm oder sogar eine Abschlussfahrt an einen anderen Ort. Es ist empfehlenswert, Kontakte und Kooperationen mit Grundschulen aus dem Sozialraum des Kindergartens aufzubauen. Dies ermöglicht Schulbesuche für die Kinder und umgekehrt auch Besuche von zukünftigen Lehrkräften im Kindergarten. Dabei sind die Vorschulkinder dann die »Großen« und übernehmen verantwortungsvoll die Führung durch den Kindergarten und ggf. die Präsentation ihres Lernwegs aus der Kindergartenzeit.

Dazu ist es schön, über das gesamte letzte Kindergartenjahr Lern- und Fördermöglichkeiten anzubieten, die den Kindern helfen, ihre Erwartungen an die Schule einzuordnen. Die Kinder können so einen Vergleich zwischen ihrem Alltag im Kindergarten und den Vorstellungen von Schule herstellen und dabei praktische Dinge lernen, die z. B. die Orientierung im Sozialraum und Regeln im Straßenverkehr betreffen. Denn schon bald werden die Kinder älter und selbstständiger – und wer die Regeln kennt und sich selbst helfen kann, ist beispielsweise in der Lage, den Schulweg sicher zu meistern. Dazu bietet es sich an, thematisch passende Bücher auszulegen, Ausflüge im Sozialraum zu machen und natürlich auch geeignete Aktionstabletts anzubieten. Folgende Ideen zeigen, wie sich die Fragen der Kinder rund um das Thema Schule, Schulweg und Straßenverkehr aufgreifen lassen.

Bezugsraum und Klassenraum

So geht's

Jedes Vorschulkind stellt sich vor, wie wohl der zukünftige Klassenraum aussehen wird. Wird alles anders sein oder gibt es auch Dinge, die man schon kennt? Um den Kindern die Auseinandersetzung mit diesem Thema zu ermöglichen, kann ein Aktionstablett vorbereitet werden, auf dem ein Klassenraum und ein Kindergarten-Gruppenraum abgebildet sind, sowie mögliche Ausstattungsgegenstände zum Zuordnen. Die Kinder können nun überlegen, welche Einrichtungsgegenstände sie in ihrem Kindergarten vorfinden, was es wohl nur in der Schule geben wird und welche Gegenstände es in beiden Einrichtungen geben könnte. Es ist wichtig, dass die Pädagogen im Anschluss an

Material

- laminiertes Bild des Gruppenraums
- laminiertes Bild eines Klassenraums
- laminierte Kärtchen mit Gegenständen aus dem Schul- bzw. Kindergartenkontext

das Aktionstablett die Fragen und Vorstellungen der Kinder aufgreifen, den Übergang emotional bestmöglich begleiten und ihnen Wertschätzung entgegenbringen.

Variante

Natürlich kann man mit den Kindern auch eine Grundschule in der Umgebung besuchen. So gelingt ein Abgleich von der Vorstellung mit der Realität am besten.

Pädagogischer Hinweis

Beschäftigen Kinder sich intensiv mit einem Thema, sollte dieses entsprechend durch Aktionstabletts aufgegriffen werden. Oft entstehen durch neue aufregende Lebensphasen offene Fragen bei den Kindern. Diese zu beantworten, hilft ihnen, vorbereitet und kompetent mit der neuen Situation umzugehen. Und wer würde nicht gerne wissen, wie der baldige Klassenraum aussehen könnte und was ihn vom vorherigen Gruppenraum unterscheidet?

Ah, da geht's lang!

So geht's

Bei diesem Aktionstablett stehen der Weg zur Schule und die Orientierung im eigenen Lebensumfeld im Fokus. Wer bald in die Schule kommt, wird ab dann jeden Morgen einen anderen Weg bestreiten als zuvor. Gute Orientierungspunkte helfen den Kindern, sich auf ihrem Schulweg zurechtzufinden.

Das kann mit diesem Aktionstablett geübt werden. Bei diesem Bäcker muss ich immer links gehen oder an diesem Friseur muss ich vorbeilaufen – hier geht es darum, dass ein Pädagoge mit den Kindern ihren Schulweg konstruiert und mit ihnen Ankerpunkte bestimmt. Das verringert die Aufregung und stärkt das Selbstbewusstsein.

Material

- eine groß ausgedruckte Straßenkarte
- Bilder mit Orientierungssymbolen
- eine Sprachklammer mit Instruktionen

Vertiefung

Es ist eine gute Idee in Verbindung mit den Eltern zu treten, sodass auch zu Hause das Thema Schulweg seinen benötigten Raum findet. Auch kann der Sozialraum rund um den Kindergarten mitsamt den benachbarten Schulen erkundet und so die Orientierung geübt werden. Eine Schnitzeljagd mit Fotos von wichtigen Orientierungspunkten aus dem Sozialraum bietet sich hier an.

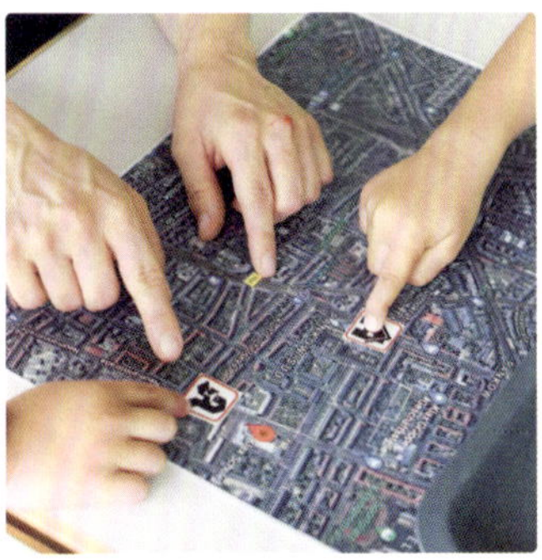

Pädagogischer Hinweis

Die meisten Aktionstabletts bieten einen Sprachanlass und können dementsprechend auch mit dem Fokus der Sprachförderung genutzt werden. Hier können das Vokabular, die Aussprache und die Satzbildung geübt werden. Dazu ist eine pädagogische Begleitung notwendig, die zu Gesprächssituationen anregt. Kindern, die in der Sprachentwicklung Unterstützung benötigen, bietet sich so eine zugewandte und ruhige Situation, um die Sprache zu üben.

Sicher durch den Straßenverkehr

So geht's

Was ist im Straßenverkehr erlaubt und was lässt man lieber bleiben? Mit dieser Frage sollen sich die Kinder an diesem Aktionstablett befassen. Sich sicher im Straßenverkehr bewegen zu können, ist eine wichtige Fähigkeit für die Schulzeit, in der die Kinder zunehmend selbstständiger werden. Um sich auf dem Weg zur Schule oder auf Ausflügen mit der Klasse sicher bewegen zu können, müssen Kinder Eigenverantwortung übernehmen. Dazu müssen sie zunächst ein Bewusstsein für die Verhaltensregeln und Gefahren im Straßenverkehr entwickeln. Zu diesem Zweck können die Kinder an diesem Tablett gemeinsam mit einem Pädagogen verschiedene Situationen aus dem

Material

- laminierte Fotos von verschiedenen Situationen aus dem Straßenverkehr
- Visualisierung für konformes und nicht konformes Verhalten im Straßenverkehr (z. B. grüner Haken, rotes Kreuz)

Straßenverkehr betrachten und einschätzen, ob das darauf abgebildete Verhalten sicher ist oder aber nicht den Regeln im Straßenverkehr entspricht.

Vertiefung

Verhaltensregeln im Straßenverkehr bieten sich natürlich dazu an, live erprobt zu werden. Auf einem Spaziergang kann der Fokus auf die Verkehrsschilder gelegt werden. Diese können auch von den Kindern abfotografiert werden, um ein Tablett zu gestalten.

Pädagogischer Hinweis

Es gibt Aktionstabletts in vielen verschiedenen Varianten der räumlichen Aufteilung. Manche Tabletts haben eine oder mehrere Unterteilungen, sodass verschiedene Bereiche auf dem Tablett entstehen. Für manche Tabletts ist es sinnvoller, nur die Utensilien auf dem Tablett anzuordnen, aber außerhalb des Tabletts zu arbeiten. Man sollte sich deshalb Gedanken über die didaktische Herangehensweise der Tabletts machen: Welche Form des Tabletts ergibt für meinen Zweck Sinn? Wie kann ich die Aktion didaktisch sinnvoll für die Kinder aufbereiten?

In welches Schloss passt der Schlüssel?

So geht's

Schlüssel sind schon für die kleinsten Kinder so interessant, weil Erwachsene viel damit hantieren und verschlossene Welten damit öffnen. Auch Vorschulkinder haben noch eine große Faszination für Schlüssel, denn in ihrem Alter wissen sie schon: Wer Schlüssel mit sich führt, trägt Verantwortung. Spielerisch kann man den Kindern mit diesem Aktionstablett die Verantwortung für Schlüssel übertragen. Auf dem Tablett finden sie eine verschlossene Schatzkiste mit mehreren Schlössern und Schlüsseln. Die Kinder müssen die richtigen Schlüssel finden und die Schlösser öffnen, um den Schatz zu bergen.

Material

- Schatzkiste (am besten aus Metallgitter)
- ein zu bergenden Schatz
- verschiedene Schlösser mit Schlüsseln

Variante

Eine andere Variante des Tabletts kann entstehen, indem man die Schlösser an verschiedenen Orten im Kindergarten anbringt und ein Foto von jeder Stelle, an dem ein Schloss angebracht wurde, aufnimmt. Die Fotos können zusammen mit den Schlüsseln auf einem Tablett arrangiert werden. Dann können die Kinder im Kindergarten auf die Suche nach den Schlössern gehen, sie öffnen und diese zum Tablett bringen. Anhand der Bilder lässt sich prüfen, ob alle Schlösser gefunden wurden. Das verlangt eine Menge Organisationstalent und Absprachen im Team: Nimmt man die Fotos mit, um das Versteck zu finden? Ziehen alle zusammen los oder teilt man sich besser auf? Und wer nimmt dann welchen Schlüssel mit?

Pädagogischer Hinweis

Kinder sind sehr stolz, wenn sie mit zunehmendem Alter mehr Verantwortung von Erwachsenen übertragen bekommen. Es ist eine schöne Idee, Aktionstabletts anzubieten, in der sie in eine verantwortungsvolle Rolle schlüpfen und sich an Dingen üben können, die Erwachsene vorleben. Schlüssel üben hierbei schon seit dem Kleinkindalter eine besondere Faszination aus, denn Erwachsene benutzen sie jeden Tag und öffnen damit verschlossene Türen. Schlüssel auszuprobieren und die Verantwortung dafür zu tragen, dass keiner verloren geht, ist deswegen eine besondere Aufgabe.

Botschaft an meine Zukunftslehrkraft

So geht's

Die zukünftige Lehrkraft wird eine zentrale Rolle im Leben der Vorschulkinder spielen. Umso besser ist es, sich schon beim Übergang zur Grundschule mit ihr zu beschäftigen. Den Kindern ist bewusst, dass die Lehrkraft da sein wird, um ihnen etwas beizubringen. Doch möchten wir über dieses Tablett erreichen, dass Kinder sich als aktive Akteure ihres Bildungsweges wahrnehmen, die Wünsche und Ziele an ihr Lernen knüpfen. Ihnen soll bewusst sein, dass sie nicht nur ein Teil der zu unterrichtenden Klasse sein werden, sondern eine individuelle Persönlichkeit mit Stärken, die ihre Lehrkraft erst kennenlernen muss. Dazu müssen die Kinder ihre Stärken und Wünsche zunächst

Material

- Moderationskarten mit verschiedenen Fragen
- Tablet
- Foto einer Lehrkraft zur Kontextualisierung

selbst reflektieren und formulieren. Auf diesem Tablett finden die Kinder Anregungen, um in Begleitung ihres Pädagogen eine Botschaft an die zukünftige Lehrkraft aufzunehmen. Neben beispielhaften Fragen, die vom Pädagogen gestellt werden, braucht es ein Tablet, um die Antworten des Kindes aufzunehmen. Idealerweise können die Botschaften der einzelnen Kinder präsentiert werden, wenn die Lehrkraft zu Besuch im Kindergarten ist.

Pädagogischer Hinweis

Es ist eine Stärke, wenn man seine Kompetenzen kennt und diese gegenüber anderen ausdrücken kann. Ebenso gut ist es zu wissen, was man noch nicht so gut kann, aber gerne lernen möchte. Es braucht ein erhöhtes Reflexionsvermögen, um seine Ich-Kompetenz auf diese Weise weiterzuentwickeln. Aktionstabletts, die diese Kompetenzen auf kreative Art fördern, machen die Kinder stark für die Schule.

Ein Wort zum Schluss

Bei Vorschulprojekten ist es wichtig, die gesammelten Ergebnisse noch einmal sichtbar zu machen und den Kindern damit zu zeigen: »Du kannst schon viele tolle Dinge und bist bereit für die Schule!«. Das stärkt die Selbstwirksamkeit, die für den Übergang in die Schule wichtig ist. Gleichzeitig ist es für die Kinder auf diesem Weg leichter, mit ihrer Kindergartenzeit abzuschließen.

Es gibt verschiedene Möglichkeiten, die Ergebnisse aus den Vorschulprojekten gebührend zu präsentieren und aufzuarbeiten. Eine Variante ist es, Fotos und Videos aus den digitalen Portfolios sowie physische Projektergebnisse auszustellen und Eltern und Grundschullehrkräfte zu einer Ausstellung einzuladen. Die Kinder agieren dann als Ausstellungsführer und begleiten die Erwachsenen durch ihre Exponate. Sie können berichten, was sie bei den Projekten erlebt und gelernt haben.

Eine weitere Idee ist, die Ergebnisse und Fotos, die den Lernprozess dokumentieren, in ausgedruckter Form für jedes Kind in einen großen Umschlag zu stecken und gemeinsam mit dem Kind einen individuellen Brief zu malen und zu schreiben. Darin kann eine Botschaft an die zukünftigen Lehrkräfte enthalten sein. Der Umschlag wird dann bei der Abschlussfeier entweder dem Kind überreicht oder direkt an die zukünftige Schule geschickt. Hierbei sind die Eltern einzubinden: Ihre Einverständniserklärung muss natürlich vorliegen, wenn es darum geht, Fotos und Videos der Kinder auszustellen oder etwas an die neue Schule zu schicken.

Und wie immer gilt für uns Pädagogen: Gelassen geht es am besten! Das soll nicht heißen, dass die Vorschulzeit nicht wichtig ist – ganz im Gegenteil. Es soll heißen, dass von der Krippe an eine bedeutende Bildungsarbeit geleistet wird, und das gilt auch für die letzte Phase des Kindergartens. Ganz souverän lässt sich auch beim Thema Vorschule die gewohnte Arbeit mit einer guten Beobachtung, Planung, Dokumentation und Reflexion meistern, gemeinsam mit Eltern und Kindern.

Der Schritt in die Schule ist zwar ein Meilenstein, aber nicht der einzige in der frühen Bildung. Wenn Pädagogen sich das vor Augen führen, gelingt eine gute und besonnene Arbeit mit viel Spaß beim Lernen für alle Beteiligten.

Anhang

Die in diesem Buch verwendeten Symbole können hier aus dem Buch kopiert werden, sie sind aber auch als Download in jeweils zwei verschiedenen Größen verfügbar. Über den QR-Code oder Link gelangen Sie zur entsprechenden PDF mit allen Symbolen.

www.bananenblau.de/aktionstabletts-fuer-fuenf-bis-sechsjaehrige

Einzelarbeit

Begleitung durch pädagogische Fachkraft

Partnerarbeit

Gruppenarbeit

Einzelarbeit

Partnerarbeit

Gruppenarbeit

Begleitung durch pädagogische Fachkraft

Autorinnen und Danksagung

Antje Bostelmann

Antje Bostelmann, 1960 in Rostock geboren, ist ausgebildete Krippenerzieherin und Gründerin von Klax. Das von ihr entwickelte Konzept der Klax-Pädagogik findet in zahlreichen Bildungseinrichtungen in ganz Europa Anwendung. Antje Bostelmann berät Unternehmen und Institutionen bei der Umsetzung moderner Bildungskonzepte und teilt ihr Wissen und ihre langjährige praktische Erfahrung in Workshops, Seminaren und auf Kongressen. Sie gilt als Vorreiterin für die Anerkennung der Bildungsarbeit in der Frühpädagogik und den sinnvollen Einsatz digitaler Medien in Kindergarten und Schule. Sie hat zahlreiche Spiel- und Lernmaterialien entwickelt und über 50 pädagogische Fachbücher veröffentlicht, darunter viele Bestseller.

Vanessa Klingen

Vanessa Klingen hat Kindheitspädagogik sowie Bildung und Medien studiert. Sie arbeitet im Team von Antje Bostelmann und ist im Produktmanagement der Klax Gruppe mit dem Schwerpunkt auf der frühkindlichen Bildung tätig. Sie begleitet Kindergärten bei der Umsetzung des modernen Konzeptes der Klax-Pädagogik und hat mehrere pädagogische Fachtexte und Fachbücher verfasst.

Johanna Debletz

Johanna Debletz ist bei Klax im Produktmanagement mit Schwerpunkt frühkindlicher Bildung tätig. Ihr Aufgabenbereich umfasst die pädagogische Weiterentwicklung und die Begleitung der Einrichtungen bei der Umsetzung des Klax Konzeptes. Sie hat Sozialwissenschaften und Frühkindliche Bildungsforschung studiert. Als externe Kita-Evaluatorin hat sie Kitas dabei unterstützt, das Berliner Bildungsprogramm umzusetzen.

Danksagung

Wir bedanken uns bei der Klax Vorschule Regenbogenhaus unter der Leitung von Susan Richter für die guten Beobachtungen, die vielen Ideen, die kreativ umgesetzten Aktionstabletts sowie für das Erproben in der Praxis. Die Klax Vorschule Regenbogenhaus ist Teil des Modellhauses für Klax-Pädagogik in Berlin-Pankow.

Noch mehr Aktionstabletts!

80 Seiten, Ringbindung
zweisprachig: Deutsch/Englisch
ISBN 978-3-942334-60-0

118 Seiten, Ringbuch
zweisprachig: Deutsch/Englisch
ISBN 978-3-946829-12-6

98 Seiten, Ringbuch
zweisprachig: Deutsch/Englisch
ISBN 978-3-946829-19-5

BANANENBLAU
Der Praxisverlag für Pädagogen

KLAX
Pädagogik
Antje Bostelmann
Aktionstabletts – Muster in Licht und Schatten
33 Ideen für die ästhetische Bildung im Kindergarten

Notizen